Le Corps En Poésies

TOME III

Sandrine Adso

Le Corps En Poésies

TOME III

L'empirisme rend grâce à ta vitalité. Au-delà de l'univers physique, comme un être-là, un dasein dont tout ton amour est la pérennité.

© Sandrine ADSO, 2023
Édition : BoD - Books on Demand, info@bod.fr
Impression : BoD – Books on Demand, In de Tarpen 42, Norderstedt (Allemagne)
Impression à la demande
ISBN : 978-2-3224-8495-9
Dépôt légal : Juin 2023

Souffle

Le souffle de ton cœur,
Inonde mon temps et mes heures.
Tu respires et tu me regardes : Joie.
C'est uniquement à cause de toi.
Le souffle de mon cœur,
Remplit l'extase d'un bonheur,
Qui se veut éternel,
Puisque tu es pour mon immense joie, un être sensuel.

J'aime tes yeux plus pénétrants
Que l'océan,
J'aime ta bouche plus attractive qu'une rosée de miel
Et mes rêves s'alignent sur des désirs somptueux, de sucre et de sel.

Tu es cette offrande que je saisis
Lorsque la lune monte dans un cri,
Un cri de joie, de plaisir
Entremêlé de nos soupirs.

Et tu deviens mon rire, mon sourire
Alors je chante ton souffle et ses arpèges,
Comme une mélodie vierge et tu es un florilège.
Ton souffle pose un léger vent
Sur les sables de mes instants océans,
Et les brumes marines
Encadrent nos aspirations divines.

Tu es mon souffle,
Je suis ton souffle,
Et quand la nuit descend sur ton visage
J'entends les chevaux galoper, près du rivage
Où nous jouons innocemment
Le temps de se souvenir que nous fûmes des enfants.

Le souffle porte en lui le principe universel
D'un souffle de vie
Donné dès l'origine par l'Éternel
Pour animer les jours et les nuits :
Les jours de grand soleil de printemps
Et les nuits d'un très doux vent.

Il y a le souffle des premiers temps
L'esprit de Dieu, que l'on appelle Ruah.

En hébreu, ruah signifie
Vent, souffle ou esprit.
Le mot grec correspondant est pneuma.
Ces deux mots sont maintes fois
Utilisés dans les passages faisant référence au Saint-esprit
Lorsque celui-ci chemine près de la vie.

La première utilisation du mot dans la Bible apparaît
Dans le deuxième verset :
"… et le souffle de Dieu planait sur la surface des eaux"[i]
Puis ce sont les autres eaux
Celles du déluge : "Et moi, je vais amener sur la terre un déluge
[Il n'y aura que l'arche, comme refuge]
Les eaux pour détruire toute chair
Animée d'un souffle de vie sous les cieux…"[ii].
Ce fut à la fois, la première et la dernière
Que la vie habitait ces lieux.

Ruah, pour décrire le "vent" que Dieu a envoyé sur terre
Pour faire reculer les eaux du déluge :
(L'arche devenant le seul refuge)
"… Dieu fit passer un souffle sur la terre
Et les eaux se calmèrent"[iii].

Au total, le mot ruah se retrouve près de quatre cents fois
Dans l'ancien testament.
La source de la vie est le ruah,
Qui donne la vie à toute la création dans le même temps.

On pourrait dire que le ruah de Dieu a créé tous les ruha qui existent
Et qui au sein de l'infini grand et petit persiste.
Moïse énonce cette vérité de manière explicite :
"… *le Dieu des esprits de toute chair*"[iv] est la réussite
De toutes formes d'existence.
Job a également compris cette vérité et cette signifiance :
"Tant que j'aurais la force de respirer
Et que le souffle de Dieu sera dans mes narines"[v]
Il s'agit là d'une métaphore de *"l'exister"*
De l'offre divine.

Plus loin Elihu dit à Job : *"L'esprit de Dieu m'a créé*
Le souffle de Dieu soutient ma vie"[vi]
C'est là la vérité
Qui pour toutes créatures s'établit.

Dieu a utilisé l'expression "Ruah Yahweh"
Dans sa promesse que le messie serait doté
De l'esprit saint,
La trinité en un.
"Et sur lui reposera l'esprit du seigneur
[En qui demeure]
Esprit de sagesse et d'intelligence,
Esprit de conseil et de force [et de tempérance],
Esprit de science et de crainte"[vii].
Pour toutes formes de vie et leurs empreintes.

"Voici mon serviteur, que je tiens
Par la main,
Mon élu en qui mon âme se complaît ;

Sur lui j'ai répandu mon esprit, [pour l'éternité]
Pour qu'il révèle aux nations ce qui est juste",[viii]
Et ne rien considéré de fruste.

Cette prophétie
S'est accomplie
En Jésus, lors de son baptême dans le Jourdain
En ces temps incertains :
"Ayant été immergé, vite Jeshova remonte de l'eau.
Et voici : les ciels s'ouvrent pour lui, là haut.
Il voit le souffle d'Elohims descendre comme une palombe ;
Il vint sur lui [et c'est la douce colombe]"[ix].

C'est aussi le sens premier d'Er-Ruh[1] en langage musulman.
Et Hamsa l'est tout autant :
Le cygne qui couve l'Œuf cosmique du Veda[2]
Est aussi un souffle.

À propos de la respiration, les deux souffles
De celle-là
Étaient évolution-involution,
Manifestation et résorption :
Kalpa[3] et pralaya[4].

---

[1] Esprit.
[2] Texte religieux et poétique de l'Inde ancienne.
[3] Un *kalpa* (en sanskrit IAST ; devanāgarī : कल्प) est une unité de temps dans la cosmologie de l'hindouisme et du bouddhisme.
[4] *Pralaya* (devanāgarī : प्रलय) est un terme sanskrit qui signifie « *dissolution* », « *destruction* » ou « *anéantissement* ». Dans la cosmogonie hindoue, c'est la période de dissolution d'un kalpa. On distingue quatre sortes de pralaya : naimittika pralaya, prākṛitika pralaya, atyāntika pralaya et nitya pralaya.

Selon le Taoïsme des Han[5] à l'origine
Étaient neuf souffles qui, progressivement, se coagulèrent
Se nouèrent
Pour constituer l'espace physique.
C'est un récit ésotérique,
À caractèristique mystique et divine.

L'espace intermédiaire entre le ciel et la terre
Est rempli d'un souffle[6] dans lequel l'homme vit dans l'harmonie première.

Ce même domaine intermédiaire ou subtil
Est en Inde celui de Vâyu : le fil[7]
Qui relie entre eux tous les mondes
Et fait de chaque sphère, une sphère féconde.
Ce fil est aussi Atmâ[8], l'Esprit Universel
Qui est littéralement souffle éternel.

La structure du microcosme
Est identique à celle du macrocosme :
Comme l'univers est tissé par Vâyu[9]
L'homme est tissé par les souffles inconnus.

Ceux-ci sont au nombre de cinq : prâna, upâna,
Vyâna, udâna et samâna,
Qui gouvernent les fonctions vitales
Et non seulement le rythme respiratoire

---

[5] Les Hans (chinois simplifié : 汉 ; chinois traditionnel : 漢 ; pinyin : *hàn*) constituent le peuple chinois « historique », issu de l'ancienne ethnie Huaxia.
[6] K'i.
[7] Sôtra.
[8] Ātman (sanskrit IAST ; devanāgarī : आत्मन् ; pali : attā ; « *souffle, principe de vie, âme, Soi, essence* ») est un concept de la philosophie indienne āstika. Ce terme a le sens de pure conscience d'être ou de pur « *je suis* », et désigne traditionnellement le vrai Soi, par opposition à l'ego (ahaṃkāra).
[9] Le souffle vital.

Chez l'homme, chez l'animal
Est fondamental, à l'opposé de ce qui est dérisoire.

En fait prânâyâma, le contrôle du souffle yogique[10]
Ne s'applique pas seulement à la respiration matérielle physique
Mais aussi à la respiration subtile,
À la fois simple et difficile.
Dont la première n'est que l'image.

La circulation du souffle est un voyage
Associée à la kundalinî[11] tantrique
Ou à l'embryologie taoïste, s'applique à des énergies vitales, contrôlées
Et transsubstantiées[12].

La maîtrise de prâna[13]
Avec sa respiration, à chaque fois.

---

[10] Dont on retrouve l'équivalent en Chine.
[11] Le kuṇḍalinī yoga tire son nom du terme sanskrit kuṇḍalinī qui désigne une « *force psychique* » qui serait présente en chaque être humain et qui évoluerait le long d'un canal principal situé dans la colonne vertébrale, au centre de la moelle épinière, depuis le sacrum jusqu'au sommet de la tête.
[12] Produit de la transsubstantiation. La transsubstantiation est un phénomène surnaturel, qui littéralement est la conversion d'une substance en une autre. Le terme désigne, pour une partie des chrétiens, la conversion du pain et du vin en corps et sang du Christ lors de l'Eucharistie par l'opération du Saint Esprit.
[13] Nom commun. (Spiritualité) Énergie vitale universelle qui se trouve dans l'air et que chacun respire, selon la spiritualité indienne. (Yoga) Énergie qui monte par les nadis (canaux).

Entraîne celle de manas[14] : le mental
Et de vîrya[15] : l'énergie séminale.

En mode chinois, le k'i
Souffle et esprit
S'unit au tsing : force ou essence
Pour procréer l'embryon d'immortalité.

À un autre niveau, le souffle sortant des narines de Yahvé
Signifie l'exercice de sa puissance…
Créatrice ; par lui les eaux sont amoncelées
Comparé à un torrent, il en possède les vertus.

Le souffle et la parole sont contigus
Ils se prêtent une mutuelle assistance
L'un soutenant l'émission de l'autre par ambivalence.

La ruah de Yahvé est l'haleine qui jaillit de sa bouche,
Créant et entretenant la vie qu'elle touche :
"Tu dérobes ta face, ils sont dans l'épouvante ;
[Et connaissent la tourmente]
Tu leur retires le souffle, ils expirent
Et retombent dans leur poussière [sans perspective d'avenir].
Tu renvoies ton souffle, ils renaissent, et tu renouvelles la face de la terre"[x].
C'est le cadeau du souffle et de la lumière.

---

[14] Manas (IAST ; devanāgarī : मनस्) est un terme sanskrit et concept de la philosophie indienne qui comporte de multiples acceptions. Dans les Yoga Sutras de Patañjali et le vedanta, ce terme désigne indifféremment le mental, mais aussi l'intellect (buddhi), l'inconscient (citta) ou la conscience ordinaire à l'état de veille ou ego (ahamkara). Dans le bouddhisme, il est le sixième sens qui entre en contact avec les objets mentaux. Dans son acception occidentalisée, il désigne aussi la pensée, l'esprit, le mental ou l'intellect, c'est-à-dire le sens interne ou psychisme.

[15] Vīrya est un mot sanskrit signifiant « *effort* », « *persévérance* », « *diligence* », « *vigueur* », « *énergie* » ou « *héroïsme* ». Dans le bouddhisme, il se réfère à la pratique de cultiver la persévérance qui correspond à une des perfections : l'effort ou persévérance juste.

Lors de la création de l'homme, suivant le récit de la Genèse, Yahvé
Insuffle dans sa narine un souffle de vitalité
Et l'homme auparavent inerte est animé d'une âme vivante[16].

On retrouve chez les Chi'ites d'Anatolie,
Le terme de *nefés* qui chante
Les invocations à la vie.

Dans l'homme, le souffle de vie donné par Dieu ne saurait périr
Ni mourir.
Si la poussière
Retourne à la terre
D'où elle provient, le souffle de vie
Donné par Dieu remonte vers lui :
*"Que la poussière
Retourne à la poussière,
Redevenant ce qu'elle était,
Et que l'esprit remonte à Dieu qui l'a donné"*[xi].
Privée du souffle, la chair se détruit
Et demeure vide, inerte sans vie.

Dans toutes les grandes traditions, le souffle possède un sens identique
Que dans le texte biblique,
Qu'il s'agisse du spiritus ou du pneuma.

Le terme ruah
Est habituellement traduit
Par esprit.

Ce souffle possède une action mystérieuse, il est comparé au vent :
Un vent qui aurait soufflé depuis les premiers temps.
*"Qui est monté au Ciel et en est redescendu ?
Qui a recueilli le vent dans le creux de sa main [nue]*

---

[16] Nephesh.

Qui a enserré les eaux
Dans le pan de son manteau ?
Qui a établi toutes les limites de la terre ?
Quel est son nom ? [celui de son frère]
De son fils ? [Dis-le] si tu le sais"[xii].

Il s'agit bien sûr du souffle de la divinité.

"Pour s'avancer vers le sud et décrire sa courbe vers le nord ;
Le vent progresse en évoluant toujours [et encore]
Et repasse par les mêmes circuits"[xiii].
Il s'agit du souffle, de l'esprit.

"… et de fait, le Seigneur se manifesta.
Devant lui un vent intense et violent [de ci de là]
Entr'ouvrant les monts et brisant les rochers
Mais dans ce vent n'était point le seigneur [dans son intégrité]…"[xiv].

Le souffle de Yahvé donne la vie.
Avec ses permis et ses interdits.
Il modifie non seulement spirituellement,
Mais psychiquement
Et matériellement,
L'homme qui en est le bénéficiaire,
Le testamentaire.

Qu'il s'agisse d'Othoniel
"Animé de l'esprit divin
Il prit le gouvernement d'Israël,
Entra en campagne, et l'Éternel…"[xv]
Des hommes deviennent des héros par le souffle divin.

L'exemple le plus typique est celui de Samson
Qui eut une révélation.
"L'esprit divin le saisit pour la première fois…"[xvi]
Alors qu'il ne s'y attendait pas.

"Saisi soudain
De l'esprit divin,
Samson le[17] mit en pièces comme on ferait d'un chevreau
Et il n'avait aucune arme, [ce qui est très beau]..."[xvii],
Qui, ayant reçu le souffle de Dieu, déchire un lion
(Emblème de certaines religions)
Et armé d'une mâchoire d'âne tue mille Philistins.
"Et il leur dit : Du mangeur est sorti un aliment
Et du fort est sorti la douceur [comme un matin]
Mais, ils ne purent deviner l'énigme, trois jours durant"[xviii].

Les prophètes sont les bénéficiaires de ce souffle divin,
Tels Saül : "Sitôt que Saül eut tourné le dos
Et quitté Samuel,
Dieu fit naître en lui un esprit nouveau,
Et tous les signes annoncés s'accomplirent [ce jour tel]"[xix].

Le nabi[18] est nommé par Osée[19]
L'homme de l'esprit.
De nombreux textes font mention de la main de la divinité,
Celle-ci possédant la signification d'esprit.

Si l'esprit de Dieu suscite des états passagers,
Il peut aussi se trouver dans un homme d'une façon permanente
Libère l'esprit et chante.

Il y a de nombreux exemples, à Moïse, l'Éternel dit :
"C'est là que je viendrai te parler,

---

[17] Un jeune lion.
[18] Prophète, chez les Hébreux.
[19] Les auteurs ecclésiastiques chrétiens lui attribuent une prophétie juive, non biblique, selon laquelle la venue du Messie surviendra lorsque le chêne de Mambré se divisera spontanément pour donner naissance à douze nouveaux chênes. Il fut enterré sur ses terres (Isidore, Comestor). Mais la tradition juive rapporte qu'il a terminé ses jours à Babylone, et que son corps, transporté sur un chameau, a été inhumé en Galilée.

Et je retirerai
Une partie de l'esprit qui est sur toi pour la faire reposer
Sur eux : alors ils porteront avec toi
La charge du peuple [avec ses émois],
Et tu ne la porteras plus à toi seul"[xx].
Et cela se vérifia depuis Moïse, jusqu'à son aïeul.
"L'Éternel descendit dans une nuée, et lui parla,
Et, détournant une partie de l'esprit qui l'animait,
[C'était la mise en forme de la vérité]
La reporta sur ces soixante-dix hommes parmi les anciens
Du peuple et les rangea autour de la tente [de lin]"[xxi] ;
David, Élisée, Élie.

Le souffle ou esprit de Dieu signifie, d'après Isaïe
Que "… sur lui reposera l'esprit du Seigneur :
Esprit de sagesse et d'intelligence [source de bonheurs],
Esprit de conseil et de force, esprit de science et de crainte de Dieu"[xxii].
Ce souffle apparaît derrière un feu.

Le mot ruah est féminin dans la majorité des cas
Où ce terme est employé dans l'Ancien Testament.
En hébreu, le féminin s'emploie
Pour désigner une chose ou un être impersonnel correspondant.
Il est aussi en usage pour désigner la Parole,
Celle-ci est enseignée dans le talmud et son école.

Mais ce souffle-esprit est la manifestation du Dieu unique
Non l'attribut d'une personne divine biblique.

Le souffle a, chez les Celtes, des propriétés magiques.
Il est fait mention du souffle druidique[20]
À la fois, instrument de la puissance des druides et symbolique.

---

[20] Dans le récit du Siège de Druin Damhghaire, le druide Mog Ruith.

Une première fois, le druide souffle sur des guerriers
Qui l'entourent et le menacent, leur donnant à tous sa propre apparence,
Si bien qu'ils s'entre-massacrent et qu'il peut s'échapper sans difficulté.
Et le druide ne connut aucune violence.

Une deuxième fois, il souffle sur une colline
Que les mauvais druides ont édifiée par magie
Et d'où l'ennemi domine
La situation. Tout s'effondre avec fracas et bruits.

Une troisième fois, le druide souffle sur ses ennemis
Et les transforme en pierres,
Grâce au vent et à la magie
Le druide se libère.
Sans qu'il ait eu besoin de faire la guerre.

C.-G. Jung évoque la pratique des sorciers zoulous, qui guérissent
En toute lisse.
Un malade en soufflant dans une oreille avec une corne
De bœuf, et non de licorne,
Pour chasser les esprits malins de son corps.
Et cela sans autre effort
Que par le souffle des sorciers
Les gardiens des secrets.

On voit, aussi, dans l'iconographie chrétienne
Des scènes de création par le souffle de Dieu et non par des forces païennes
Il est représenté par un jet lumineux,
Qui peut guérir de la maladie et de la mort, les deux
Et insuffle la vie
Comme une simple fleur qui découvrirait l'infini.

Le souffle humain, au contraire
Est lourd d'impuretés et conduit
À souiller ce qu'il touche

Par la main ou par la bouche
Et conduit à la poussière,
Au royaume de la terre.

Dans le culte de Svantevit, dieu slave tout puissant,
La veille de la cérémonie de fête du dieu
Le prêtre balayait le temple longuement
Où il avait seul le droit d'entrer en ce lieu
En prenant soin de n'y point respirer.
Alors, donc chaque fois qu'il devait expirer,
Il courait autant de fois vers la sortie,
Afin que le souffle humain ne touche pas le dieu.
Ce qui était interdit,
Et ne le souillât.

Cil - Œil

Les cils posent et retirent sur tes yeux, la présence de la lumière
Alors je te souffle et j'espère
Que l'obscurité
Restera un très lointain sommet.

Dans la poésie arabe et persane, les cils
Rendent le premier contact facile
Sont considérés comme les armes de l'amour.

Les armes les plus puissantes de l'amour
Celles qui assurent son empire, sont la modestie,
La douceur et l'esprit.

Les cils dans leur papillonnement
Expriment cet étrange vent
Que l'amour génère
Et dès lors accepte le mystère :
"La vie, ne tente plus de la comprendre,
Elle sera pour toi, dès lors comme une fête [qui se fait entendre].
Les jours, accepte-les, comme un enfant
Reçoit du vent
Beaucoup de fleurs, chemin faisant".

Les cils sont deux rangées
De cavaliers placés
Pacifiquement,
Mais le sang
Coule
Et tout s'écroule
Chaque fois qu'ils en viennent aux mains.
Le combat peut alors commencer, soudain.

Depuis les temps de l'Égypte antique jusqu'à nos jours
La beauté du regard a toujours
Été un atout de charme très prisé.
Symbole de féminité, d'élégance, et même de chasteté.
Durant l'antiquité romaine, le cil était considéré
Comme un élément de séduction indétrônable.
Difficilement contrôlable.

En amour, les plus belles conversations
Les plus grandes passions
Sont celles qui se constituent de regards et se passent de mots
Le silence devient éloquent et de plus en plus beau.

Lorsque la beauté règne sur les yeux,
D'une femme ou d'un homme amoureux
Il est probable
Et tout à fait envisageable
Qu'elle règne encore ailleurs
Ne serait-ce que dans le cœur.

C'est dans Le Cantique des Cantiques
Que s'élève le culte biblique,
Des cils, des yeux, du regard :
"Ah ! Que tu es belle mon amie !
Ah ! Que tu es belle [à l'infini]
Tes yeux sont ceux d'une colombe à travers ton voile"[xxiii].
Et jusqu'à mon cœur une étoile,
Et cette étoile jusqu'au jour et au soir.

Ainsi l'être aimé
Dit à sa fiancée :

"Tu as capté mon cœur,
Ôh ma sœur,

Ma fiancée, tu as capté mon cœur par un de tes regards"^xxiv.
Et ce soir sera le premier soir.

La femme amoureuse
Est de ces paroles heureuse :

Puis elle dit : "Je suis un mur, et mes seins sont comme des tours ;
Dès lors, je suis à ses yeux comme une cause de bonheur"^xxv.
Doucement s'inscrit l'amour
Comme la plus douce des fureurs.

"Ma vigne à moi est là sous mes yeux… "^xxvi
Riche et sucrée, elle me rend heureux.

L'œil, organe de la perception intellectuelle
Est naturellement
Et presqu'universellement
La visée du monde éternel.

Il faut considérer successivement
L'œil physique dans sa fonction de réception de la lumière : l'œil frontal[21].
Enfin l'œil du cœur, siège de l'affect et du sentimental
Qui reçoivent l'un et l'autre la lumière spirituelle.

Celui qui a des yeux, chez les Eskimos s'appelle :
Le chaman, le clairvoyant
L'éclairant.

Le chaman, la chamane ou shaman est une personne considérée par sa tribu
Comme le révélateur des mystères cachés aux révélations nues :
L'intermédiaire ou l'intercesseur entre les humains et les esprits[22].
Le chaman est dans toutes les profondeurs de la vie.

---

[21] Le troisième œil de Çiva.
[22] Toute chose est esprit selon les autochtones d'Amérique. Tout est sacré ou précieux.

Le chaman a une perception du monde que l'on qualifie d'holistique
Dans son sens commun, animiste ou tout simplement magique.
Il est à la fois sage, thérapeute, conseiller, guérisseur et voyant
Il est l'initié ou le dépositaire d'une forme potentielle
De secret culturel
Et recevable à tous les temps.

On le trouve principalement dans les sociétés traditionnelles
Où il arbore des parures spécifiques
Et souvent dans le secret, pratique.

L'émergence du chaman en tant qu'agent dans une société
Par tous ses rituels sacrés.
Peut dépeindre d'une relation idéologique
Entre les êtres humains et les êtres spirituels.

Le rôle est assuré par des hommes ou des femmes
Avec des fonctions très variées relatives aux âmes.
Incluant la direction de la tribu,
L'élaboration et la direction des rituels ;
La guérison par sa connaissance des plantes et de leurs vertus,
Ou une action psychique directe, l'enseignement, le conseil.
Le chaman est constamment en éveil.

Les aptitudes supposées des chamans sont : une percetion extra-sensorielle
La télépathie, la prescience, la vision a une amplitude exponentielle,
La divination, en tant que psychopompe, il relie les deux mondes :
Le monde des morts à l'au-delà à celui des vivants, en quelques secondes
Par une série de transformations personnelles,
Parfois par l'emploi de substances psychotropes.
Et présente les qualités de voyant, dans tous les milieux isotropes.

Les chamans sont souvent reconnus
Comme tels dès la naissance

Ou très tôt dès l'enfance
Devant appartenir à la tribu.

C'est parfois lié à une particularité physique,
Au fait d'être sujet à des crises d'épilepsie,
Au fait d'avoir guéri à une maladie[23].
L'initiation reste mystique.

Cela peut être aussi lié à une expérience personnelle
Vécue par le jeune, comme le fait d'avoir entendu un appel[24].

Selon la représentation des populations concernées,
Ce sont les esprits qui désignent le chaman voyant.
Ce peut être héréditaire ou lié à une lignée,
Parfois issue du sang
Ou l'enfant étant habité ou visité
Par l'esprit d'un ancêtre de sa famille qui était lui-même chaman.

Les chamans sont comme des passeurs de frontières, proches du brahman
Pouvant naviguer entre les mondes spirituels
Et matériels
Et correspondant à un troisième genre distinct
Du masculin et du féminin.

L'accession au chamanisme passe parfois par une mort symbolique
Chez les humains et par une renaissance chez les esprits bénéfiques.

La relation entre l'homme et le spirituel peut être idéalisée
Dans la symbiose entre l'homme et la nature magnifiée,
Qui débouche sur une nouvelle vision de l'animisme,
Qui suggère l'égalité spirituelle de la nature et des humains :

---

[23] Walsh, Roger N., The world of chamanism : new views of an ancient tradition, Liewellyn Publications, 2007, 325p.
[24] Lors d'un rêve ou d'une quête de vision.

Ceci résume toute la dimension du chamanisme.
Depuis des temps non-datés et incertains.

Tant dans la *Bhagavad Gîta*[25], que dans les *Upanishad*[26]
Encensés dans des aubades
Les deux yeux sont identifiés aux deux luminaires
Qui éclairent la terre :
Le soleil et la lune ; ce sont les deux yeux de Vaishvanara[27]
Visha[28] et Narah[29].

De même, soleil et lune sont dans le taoïsme
Le principal prisme

---

[25] La Bhagavad-Gita ou Bhagavadgita (devanagari : भगवद्गीता (Bhagavadgītā), terme sanskrit se traduisant littéralement par « *chant du Bienheureux* » ou « *Chant du Seigneur* ») est la partie centrale du poème épique Mahabharata (Aranyaka-parva, 25 - 42). Ce texte est un des écrits fondamentaux de l'hindouisme souvent considéré comme un « *abrégé de toute la doctrine védique* ». La Bhagavad-Gita est composée de dix huit chapitres. Ce récit n'a cessé d'imprégner la pensée indienne tout au long des siècles. La Bhagavad-Gita conte l'histoire de Krishna, 8e avatar de Vishnou (identifié comme une manifestation du Brahman), et d'Arjuna, un prince guerrier en proie au doute devant la bataille qui risque d'entraîner la mort des membres de sa famille, les Kaurava, qui se trouvent dans l'armée opposée.

[26] Les Upanishad ou Upaniṣad (IAST : *Upaniṣad*, devanāgarī : उपनिषद्, du sanskrit *upa*, déplacement physique, *ni*, mouvement vers le bas et *shad*, s'asseoir, soit l'idée de « *venir s'asseoir respectueusement au pied du maître pour écouter son enseignement* ») sont un ensemble de textes philosophiques qui forment la base théorique de la religion hindoue. Ils constituent une partie des textes en Inde liés à la śruti et consistent en des spéculations philosophiques qui éclairent le texte auquel elles se réfèrent, chacune se réclamant d'une partie du Veda. Par exemple, la *Kauṣītaki* fait partie du cycle du *Rig-Veda*. Historiquement, c'est par les Upaniṣad que l'Europe a découvert l'hindouisme, au début du XIXe siècle.

[27] Dans l'hindouisme , Vaishvanara (sanskrit : वैश्वानर , prononcé[ʋaiɕʋaːnɛɽɛ]), signifiant " *de ou lié à Visvanara* " est un concept abstrait. Il est lié à l'âme atman , le Soi (universel) ou l'essence auto-existante des êtres humains. Étymologiquement (l'étude de l'histoire des mots), Vaishvanara est un dérivé du mot conjoint Vishvanara *c'est-à-dire* Vishva (Univers) + Narah (Homme) *c'est-à- dire* « *l'Homme Universel ou Cosmique* ». Dans le Rig Veda , Vaishvanara est une épithète de la divinité du dieu du feu Agni.

[28] Univers.

[29] Homme.

Plus précisément : les deux yeux de Lao-kiun[30] ou de P'ankou[31],
Créateur du monde et du tout,
Dans le shintô ceux d'Izanagi.

Izanagi est une divinité du shintoisme : un kami
Co-créateur du monde et du Japon.
Son histoire est rapportée dans le Kojiki[32] et le Nikon Shoki
Deux recueils traitant du mythe de la création.

La terre au commencement était vide et *"comme une méduse dans la mer"*
Une divinité masculine Izanagi
Et une divinité féminine Izanami,
Reçurent pour mission
De donner forme à ce chaos primaire
Et de créer un monde, un univers.

Mais pour cela, il fallait tout d'abord créer une terre ferme
Pour mener sa naissance à son terme.

---

[30] Avant la naissance de Lao-kiun, une brillante lumière apparut au-dessus de sa demeure, et des dragons traversèrent les airs : c'était le signe de la sainteté de l'enfant qui allait naître. Vingt et une particularités signalèrent cette naissance.

[31] Pangu (traditionnel: 盤古; simplifié : 盘古; pinyin : Pángǔ, *Pan kou* dans sa forme traditionnelle française) est un personnage de la mythologie chinoise présenté comme le premier être sorti du chaos originel, séparateur du ciel et de la terre, et dont le corps géant est devenu à sa mort le monde et les hommes qui y vivent. C'est également un dieu taoïste, le premier des Trois Purs.

[32] Le *Kojiki* (**古事記**, litt. *Chronique des faits anciens* aussi prononcé *Furukoto fumi*) est un recueil de mythes concernant l'origine des îles formant le Japon et des kamis, divinités du shintoïsme. Avec le *Nihon shoki*, les légendes contenues dans le *Kojiki* ont inspiré beaucoup de pratiques et de croyances du shintoïsme. Il est généralement considéré comme le plus ancien écrit japonais existant encore de nos jours et est entièrement écrit en langue japonaise, en caractères chinois. Le Kojiki est une compilation des récits du conteur Hieda no Are par le chroniqueur Ō no Yasumaro, sur l'ordre de l'impératrice Genmei. Il lui fut offert en 712.

C'est ce qu'ils firent au moyen d'une lance appelée Amenonuhokoi[33].
Ils la trempèrent dans l'océan et l'agitèrent en tous sens
Tel est le récit chinois,
Et comment le monde prit naissance.

Les gouttes tombées de la lance formèrent
Les îles japonaises, en commençant par Onogoro[34].

Deux kami[35] engendrèrent
De nombreux autres kami qui formèrent aussi tôt
Ce que contient la nature : les îles, les montagnes, les fleuves, le sable, le vent
Ce qu'il y a dans l'univers, de plus troublant.

Mais alors qu'elle donnait naissance au kami du feu[36]
Izanami fut mortellement brûlée
Elle souffrait.
Son corps devint affreux

---

[33] La lance céleste.
[34] La première terre ferme.
[35] Un kami (神) est une divinité ou un esprit vénéré dans la religion shintoïste. Leur équivalent chinois est *shen*. Les kamis sont la plupart du temps des éléments de la nature, des animaux ou des forces créatrices de l'univers, mais peuvent aussi être des esprits de personnes décédées. Beaucoup de kamis sont considérés comme les anciens ancêtres des clans, et il arrivait que certains de leurs membres ayant incarné de leur vivant les valeurs et vertus d'un kami deviennent eux-mêmes des kamis après leur mort. Traditionnellement, seuls les grands et puissants chefs pouvaient devenir kamis, les empereurs en sont un exemple. Dans le shintoïsme, les kamis ne sont pas considérés comme des êtres distincts de la nature mais en font au contraire partie ; ils possèdent ainsi aussi bien des aspects positifs que négatifs, et des caractéristiques bonnes ou mauvaises. Dans la croyance, ils sont supposés être cachés de notre monde et vivent dans un espace parallèle qui est le reflet du nôtre, appelé shinkai. Être en harmonie avec la crainte que peuvent inspirer les aspects de la nature, c'est être conscient du kannagara (随神, la « *voie des kamis* »). Bien que le monde des kamis soit traduit de bien des manières, aucune définition n'explique vraiment ce qu'il est. Ainsi, l'ambiguïté de la signification des kamis justifie la nature ambiguë des kamis eux-mêmes. Au fil du temps, le terme kami s'est étendu et inclut désormais d'autres divinités telles Bouddha ou Dieu.
[36] Kagutsuchi.

Et se retira au royaume des morts.
Une autre Eurydice, un autre sort.

Fou de rage, Izanagi décapita Kagutsuchi[37],
Le sang donna naissance à huit nouvelles divinités
Et il décida d'au royaume des morts aller chercher
Izanami.

Ce monde est nommé Momi[38]
Il y parvint à y retrouver Izanami,
Mais celle-ci le supplia de ne pas la regarder
Car elle devait tout d'abord demander
L'autorisation de revenir sur terre
Au kami des enfers.

Mais l'impatience d'Izanagi fut plus forte et il réussit
À surprendre son épouse meurtrie.
Il fut alors horrifié devant le corps de celle-ci qui avait commencé à pourrir
Elle était en train de mourir.

Izanami humiliée et furieuse d'avoir été surprise dans son atroce intimité,
Se mit à la poursuite d'Izanagi fortement courroucée.

Izanagi parvint à lui échapper de justesse et scella
L'entrée du royaume des morts d'une lourde pierre.
Izanami, alors lui déclara
Que pour se venger, elle tuerait dans sa colère
Chaque jour mille créations d'Izanagi ;
Celui-ci lui répondit
Qu'il en créerait mille-cinq-cents, dès lors
Donnant naissance au cycle de la vie et de la mort.

---

[37] Qui n'était alors qu'un nouveau né.
[38] Le monde des morts est séparé du monde des vivants par un énorme rocher appelé Chigaeshi no ōkami, une divinité installée par Izanagi, le frère et l'époux d'Izanami.

Izanagi alla ensuite se purifier à l'embouchure du fleuve Tachibana,
Et de l'eau lavant ses plaies sortirent d'autres kami
Tsukuyami
Kami de la lune, de son œil droit,
Amaterasu, kami du soleil, de son œil gauche.
Ce fut là, de l'univers la nouvelle ébauche.

Ainsi le bain d'Izanagi est considéré
Dans le shintoisme comme la fondation du harae[39]
Une des pratiques de purification les plus importantes
Et édifiantes.

Traditionnellement, l'œil droit correspond à l'activité et au futur
L'œil gauche à la passivité et au passé.
Le regard, ainsi correspond au temps qui passe et dure,
Et les deux yeux en sont les deux piliers.

La résolution de cette dualité
Fait passer de la perception distinctive
À la perception unitive,
À la vision synthétique expressive.

Le caractère chinois *ming*[40] est la synthèse des caractères d'éveil
Qui désignent la lune et le soleil.

"Mes yeux figurent le caractère ming", lit-on dans un rituel de société secrète
Exprimant une attitude de conjonction parfaite.

---

[39] Le harae ou harai (祓) est une cérémonie shinto de purification par ablutions (misogi) et rites de repentance. Ils sont nécessaires au fidèle shinto qui souhaiterait aller prier au sanctuaire. On trouve aussi le nom de ō-harae (大祓) pour les rites les plus anciens pratiqués lors de cérémonies publiques. Il a donné lieu à de nombreux festivals (matsuri) et rites shinto durant lesquels des prêtres purifient l'assistance via un grand gohei de papier. La légende du bain du dieu Izanagi est considérée comme la fondation du harae.
[40] Lumière.

Cette perception unitive est la fonction du troisième œil : l'œil frontal de Çiva
Si les deux yeux physiques correspondent à la lune et au soleil, au-delà
Le troisième œil correspond au feu,
Il est aussi la signifiance de la présence du dieu.

Son regard réduit tout en cendres et poussière,
La métamorphose dernière.
C'est-à-dire qu'exprimant le présent sans dimensions
Il ne fait qu'épandre la simultanéité.
Il détruit la manifestation.

C'est le Prajnâchaksus[41]
Ou Dharma-chaksus[42]
Des bouddhistes qui situés à la limite de l'unité et de la multiplicité
De la vacuité et de la non-vacuité,
Permet de les saisir simultanément.

L'œil est en fait un organe de la vision du dedans,
Et une extériorisation de l'œil du cœur.
Du bonheur et du malheur.

Cette vision unitive s'exprime encore dans l'Islam
Par le franchissement des deux yeux de l'homme, de la femme,
De la lettre ha,
Dont le dessin arabe comporte deux boucles, symboles de la dualité en-deça
Et de la distinction.

Le troisième œil indique la surhumaine condition.
Celle où la clairvoyance atteint sa perfection.

---

[41] Œil de la sagesse.
[42] Œil du Dharma. De façon générale, dharma désigne donc l'ensemble des normes et lois, sociales, politiques, familiales, personnelles, naturelles ou cosmiques. Le terme est traduit par 法 en chinois (fǎ) et japonais (hō), au sens de « loi », et peut renvoyer à un « enseignement », religieux ou pas, en particulier celui du Bouddha.

La vision dualistique est aussi une perception mentale :
L'âme a deux yeux[43]
L'un regarde le temps [fatal],
L'autre est tourné vers l'éternité [avec ou sans dieu].

Selon les Victorins, l'un est amour,
L'autre la fonction intellective.
L'un dans l'âme humaine fait des détours
L'autre plus formative.

On conçoit que la vision intérieure doive unifier
De telles dualités.

La même expression *d'œil du cœur* ou de l'*esprit*
Peut être relevée chez Plotin,
St Augustin,
St Paul, st Jean Climaque, chez Philotée le Sinaïte[44] :
Fruit de pensées très érudites,
En accord avec ce qui fait le sens de la vie.

C'est encore une constante de la spiritualité musulmane[45]
Où on la trouve chez la plupart des soufis[46]
Qui ne condamnent
Que l'éloignement du sentier du prophète et de son suivi.

M. Schuon l'a relevée de façon semblable chez les Sioux.
L'œil du cœur, c'est l'homme *voyant* Dieu : tout ;
Mais aussi Dieu *voyant* l'homme. L'œil du cœur,
Est l'instrument de l'unification de Dieu et de l'âme à la même heure,

---

[43] Écrit Silésius.
[44] Mais encore Elie l'Ecdicos, St Grégoire de Naziance.
[45] Ayn-el-Qalb.
[46] Notamment chez Al-Hallâj.

Du Principe et de la manifestation :
La vie en expression.

L'œil unique, est par ailleurs le symbole de l'Essence
Et de la divine Connaissance.
Inscrit dans un triangle, il est en ce sens un symbole
À la fois maçonnique et chrétien, tant dans les écrits que dans les paroles.

On l'a vu dans la trinacria arménienne[47].
Le Caodaïsme[48] d'origine vietnamienne
L'a adoptée tel quel, en faisant le cachet reconnu
Qui scelle l'investiture céleste des Élus.

L'œil unique du cyclope : monstre géant
Destructeur et envahissant
N'ayant qu'un œil au milieu du front[49]
Ennemis de la civilisation.

Anciennes divinités de l'orage, les cyclopes deviennent ultérieurement
Des artisans,
Liés à la métallurgie
Qui fabriquent notamment la foudre pour le roi de l'Olympie.

---

[47] Bijoux.
[48] Le caodaïsme est une religion syncrétiste fondée en 1921 et instituée en 1925 en Cochinchine (sud du Viêt Nam actuel) par Ngô Van Chiêu, fonctionnaire vietnamien, qui disait être entré en contact, lors d'une séance de spiritisme, avec un « *esprit* ». Cet esprit se donna d'abord pour nom « AĂÂ », les trois premières lettres de l'alphabet vietnamien, puis « *Cao Dai Tien Ong* » (*Cao Dai* signifie « *Haut Palais* ») et ordonna à Ngô Van Chiêu de créer le caodaïsme. Ngô Van Chiêu souhaitant se concentrer sur une vie spirituelle plutôt que sur des activités politiques, le premier « *pape* » du caodaïsme fut Lê Văn Trung. Cette religion fut reconnue en 1926 par les autorités coloniales de l'Indochine française et regrouperait au début du XXIe siècle plus de cinq millions d'adeptes.
[49] Les premiers cyclopes sont ceux de la théogonie d'Hésiode.

Il faut distinguer plusieurs races successives : ouraniens, bâtisseurs
Forgerons et pasteurs.

Les cyclopes ouraniens sont les enfants d'Ouranos[50] et de Gaïa[51]
Leur nom devient synonyme de force et de pouvoir
Et désigne des armes exceptionnellement bien travaillés : un véritable art.
Ils sont trois
Leurs noms et leurs mythes sont typiques
D'anciennes divinités de l'orage mythologiques :
Brontès[52], Stéropès[53], et Argès[54],
Auteurs de quelques hardiesses.

---

[50] Le ciel.
[51] La terre.
[52] Brontès est un cyclope qui a forgé le casque, le trident et le foudre (avec ses frères Stéropès et Argès. Brontès est le fils de Gaïa et Ouranos. Il a forgé le Trident de Poséidon. Il est jeté dans le Tartare à la fin de la Guerre contre les Titans. Il est l'instigateur du tonnerre.
[53] Stéropès propage le foudre à ne pas confondre avec la foudre. Le foudre : Le foudre (en grec ancien κεραυνός / keraunós) est, dans diverses mythologies, notamment en Grèce et à Rome, un objet composé d'un faisceau de dards enflammés en forme d'éclair représentant la foudre. Le foudre est l'arme et l'attribut du « *père* » céleste, notamment Zeus/Jupiter, Thor, Taranis et Baal.
[54] Argès (Ἄργης / *Árgês*, le « *foudroyant* »).

Ouranos, terrifié par leur force, les enferme dans le Tartare.
Leur frère Cronos[55] libère les Hécatonchires, gardiens de ce territoire
Ainsi que les géants et les titans êtres premiers.
Les cyclopes aident Cronos à renverser et à émasculer Ouranos, le ciel étoilé
Après avoir partagé sa couche avec Gaïa.
Mais Cronos, redoutant à son tour d'être détruit par eux
Les renferme dans le Tartare[56], terre de là-bas
Où ils restent enfermés jusqu'à leur libération par le roi des dieux.

Reconnaissants envers Zeus, les cyclopes fabriquent le foudre[57] pour lui.
Ils créent le trident de Poséidon aussi,
L'arc et les flèches d'Artémis déesse protectrice de la nature, de ses habitants
De la chasse et des accouchements.

Ils créent aussi la kunée[58] d'Hadès
Roi du monde souterrain et de ses richesses.

---

[55] Dans la mythologie grecque, Cronos ou Kronos (en grec ancien Κρόνος / Krónos), fils d'Ouranos (le Ciel nocturne étoilé) et Gaïa (la Terre), est un Titan, l'époux de sa sœur Rhéa et le père des Cronides Hestia, Déméter, Héra, Hadès, Poséidon et Zeus. Son attribut principal est la faux, avec laquelle il a tranché le sexe de son père, Ouranos. Les Titans formaient la progéniture la plus intelligente de Gaïa et de son fils Ouranos, le premier couple divin de la mythologie. Les Modernes, ainsi que Flavius Sallustius dans son ouvrage Des dieux et du monde, le confondent avec son paronyme Chronos (Χρόνος / Khrónos), divinité primordiale du temps dans les traditions orphiques, confusion expliquée par cette métaphore que l'on trouve sous la plume de Saloustios : « *C'est ainsi que déjà certains ont reconnu Cronos dans le « temps »* (chronos), et appelant « *enfants du Tout* » les parties du temps, ils disent que les enfants sont " *engloutis par leur père* » (comme le fit Cronos avec tous ses enfants divins, hormis Zeus).

[56] Dans l'*Iliade*, Homère mentionne le Tartare à propos des Titans. C'est la prison de tous les anciens dieux qui s'étaient opposés aux Olympiens comme les Titans (emprisonnés par Zeus à l'issue de la Titanomachie) et les Géants. Homère le décrit comme l'endroit le plus profond des Enfers, là où les criminels célèbres reçoivent leur punition (les Danaïdes, Ixion, Sisyphe, Tantale, etc.).

[57] Grâce auquel Zeus peut vaincre Cronos et les titans et devenir maître de l'univers.

[58] Casque qui rend son porteur invisible et que l'on retrouve dans plusieurs légendes.

Les cyclopes forgerons
Servent d'assistants à Héphaïstos : ils manient le fer et sont ses compagnons.

Les puits furent découverts par Danaos[59]
Venu d'Égypte dans cette partie de la Grèce nommée *Argos*...
Sans eau
Puis la venue de l'eau !
Les carrières par Cadmos
À Thèbes ou en Phénicie[60],
Les tours par les cyclopes[61], d'après les Tirynthiens.

Un groupe de cyclopes au service du roi Proétos construit
Les murs de la cité de Tirynthe, la ville natale d'Héraklès, le futur divin
Ces murailles sont qualifiées de cyclopéennes.
Ils construisent autour les murs de Mycènes
Et la porte des lionnes[62].

Ces cyclopes sont appelés encheirogastères[63]
Et ils ont les mains bien bonnes,

---

[59] Dans la mythologie grecque, Danaos est le fils de Bélos et d'Anchinoé, et le frère jumeau d'Égyptos. Il a cinquante filles, les Danaïdes. Sa légende est un mythe fondateur pour la cité d'Argos, dans le Péloponnèse, une des principales villes mycéniennes.
[60] D'après Téophraste.
[61] D'après Aristote.
[62] La porte des Lionnes ou porte des Lions est l'entrée principale de la citadelle antique de Mycènes, dans le Péloponnèse, en Grèce. Elle a été érigée au XIIIe siècle avant notre ère, vers 1250, au nord-ouest de l'acropole et tient son nom de la sculpture représentant deux lionnes en pose héraldique placée en fronton au-dessus de la porte. La porte des Lionnes est le seul exemple de sculpture monumentale connue de la civilisation mycénienne et la plus grande sculpture du monde égéen préhistorique. C'est le seul monument de l'âge du bronze grec représentant un animal ayant survécu sans avoir été enterré et la seule image en relief décrite dans la littérature de l'Antiquité classique, de sorte qu'elle était bien connue avant l'archéologie moderne.
[63] Appelés encheirogastères (ceux qui ont des mains au ventre) car ils travaillaient pour gagner leur vie, les Cyclopes auront un sanctuaire dans l'isthme de Corinthe.

Puisqu'ils travaillent pour gagner leurs vies.
Ce sont assurément, des êtres primaires.

Les cyclopes pasteurs ont d'autres acabits
Ils incarnent une génération tardive.
Ils se contentent de vivre de l'élevage dans leur Sicile native.

Chez Homère et Virgile, les cyclopes fils de Poséidon sont des sauvages
Et des géants anthropophages,
Ne craignant ni les hommes, ni les dieux :
Sans foi ni loi.
Ils ne sont ni heureux, ni malheureux
Ils guettent leurs proies.

Ils vivent en élevant des moutons,
Dans l'île sicilienne de Trinacie.
Ces cyclopes de l'Odyssée ne font pas partie de la civilisation :
Ils restent associaux et impies.

Bien qu'ils aient un œil unique
Et restent cependant d'importants personnages mythologiques,
Ils n'ont rien de commun avec les alliés de Zeus le roi des dieux
Ou les compagnons d'Hephaïstos : le forgeron des cieux.

Ils sont la contrepartie sauvages des feux divins.
Ulysse aborde bien sur l'île de Polyphème, le carnassier humain.

Comme dans le chant IX de l'Odyssée[64]
Où la ruse d'Ulysse est la victoire, la panacée,
Contre la stupidité du géant
Qui s'ennivrant
Ne retiendra d'Ulysse que *"mon nom est personne*[65]*"*.

---

[64] 401 Et, entendant son appel, ils accoururent de tous côtés,
402 et, se tenant debout autour de la grotte ils (lui) demandèrent de quoi il se plaignait :
403 « Pourquoi, Polyphème, pousses-tu ainsi de tels grondements
404 Par cette douce nuit et nous incites-tu à nous réveiller ?
405 Quelqu'un parmi les mortels t'aurait-il volé ton troupeau ?
406 Quelqu'un attente-t-il à toi-même, est-ce (intellectuellement/la tête) par dol ou (physiquement/le corps) par viol ?
407 Alors le puissant Polyphème leur répond de l'intérieur son antre :
408 « Ah mes amis ! Il y a La Personne ! Elle me fait mourir (με κτείνει) par un mal de tête ainsi d'yeux et non pas par un coup mortel ! » (les autres Cyclopiens entendent à l'extérieur : « Il n'y a là personne ! Un grand (μέγ') coup de rateau/peigne (κτεί), affirmatif/oui (νει), un mal de tête insidieux (δόλῳ) et non pas par un coup mortel ! » (οὐδὲ βίηφιν) »)
409 Alors eux, prenant la parole à leur tour, répondirent ces mots (lourds de conséquence mais) plein de légèreté :
410 S'il est bien évident que personne ne peux attenter à ta vie puisque tu es seul,
411 Il est non moins sûr qu'il n'est pas possible d'échapper à l'angoisse que le grand Zeus nous trame ainsi dieusement (insidieusement) ;
412 Mais tu peux toujours adresser tes prières à ton père Poséïdaôn (le Dieu des mers/eaux) pour qu'il te réconforte/cautérise ta blessure ! »
413 Sur ces sarcasmes, ils s'en allèrent tandis que ma bonne humeur revînt
414 Parce que mon surnom l'avait induit en erreur et que l'embrouille était parfaite.
415 Or le Cyclope se morfondait et souffrait cruellement de sa blessure ;
416 Tâtonnant en aveugle, il enleva la pierre de l'ouverture
417 Et lui-même s'assit en travers du passage, en ouvrant (et refermant) les bras
418 Afin de saisir éventuellement quiconque voudrait sortir avec le bétail ;
419 Ainsi, en effet, semblait-il espérer que je serais un simple d'esprit.
420 Au contraire, je devais décider comment se faire au mieux transporter
421 (Et) je me demandais si ma solution permettrait d'éviter la mort à chacun de mes acolytes et à moi-même
422 Et j'examinais toutes les ruses et astuce(s)
423 Puisque c'était une question de vie (ou de mort) ; en effet, un grand danger s'approchait.
[65] To ónomá mou eínai Kanénas.

Ainsi le héros anéantit ces tonnes
De monstruosités carnivores.

Il existe d'autres possibilités du mythe encore :
Durant la guerre de Troie apparaissent des forgerons
Ils maniaient le foudre et le tison.
Qui portaient pour éviter d'être aveuglés
En cas de projection d'étincelles ou de scories,
Une protection sur un œil concerné
Et travaillant donc en cyclope ainsi.

Ils portaient des tatouages en l'honneur du soleil
Cela constitue deux liens avec le mythe des cyclopes, en éveil,
Connus pour leur penchant pour la métallurgie.

L'inclusion par Homère de Polyphème dans l'Odyssée
Pourrait également être un démon sicilien détourné.

On trouve des similitudes entre le mythe des cyclopes et les Fomoires[66]
Ou encore des croyances, des histoires

---

[66] Dans la mythologie celtique irlandaise, les Fomoires (ou Fomores, Fomorii) sont des êtres inhumains et maléfiques. Selon le Livre des Conquêtes d'Irlande), les Fomoires débarquent en Irlande après le Déluge, ils sont parfois appelés « *Géants de la Mer* ». En fait, ils sont présents tout au long de l'histoire mythique de l'Irlande. Innombrables, ils sont décrits comme étant extrêmement affreux, avec un seul œil au milieu du visage, un seul bras, une seule jambe et une tête d'animal (chèvre, cheval ou taureau). Inhumains et démoniaques, ils sont dotés de pouvoirs magiques et représentent le chaos et la destruction. Ennemis de tout et de tous, ils combattront les peuples successifs de l'Irlande : Partholoniens, Nemediens, Fir Bolg, et Tuatha Dé Danann. Tous les dieux ont un rapport de parenté avec eux. Le Fomoire Bres sera même provisoirement le roi des Tuatha Dé Danann, après la déchéance de Nuada. Le Folklore les assimile aux envahisseurs scandinaves.

Des Ossètes[67], peuple de langue iranienne
Concernant des ogres, n'ayant eux aussi qu'un œil externe.

Le cyclope naît, précise Eustathe dans une caverne
Par laquelle : "le poète entend la cavité du cœur,
Car c'est là que naît la fureur
Celle-ci étant le bouillonnement du sang dans la région du cœur.[68]"

Pour le philosophe d'Hooghvorst, le cyclope représente
Une réelle tourmente :
"Le sens vulgaire de l'homme" qui en *"suce les os et la moelle avec fureur"*.

Victor Bérard y voit une forme d'anthropomorphisme des volcans :
"Le cyclope est une montagne qui hurle, engouffre, vomit
Et lance des rochers [géants],
Un volcan à l'œil rond [qui retire la vie][69]".

L'œil unique des cyclopes indique une condition sous-humaine
De même que la multiplicité des yeux d'Argus[70], puissante et souveraine
Deux, quatre, cent yeux, dispersés sur tout le corps
Et ne se fermant jamais tous ensemble, ignorant la mort ?

Dans la mythologie grecque Argos, fils d'Arestor[71]
Et de Mycène ou de Gaïa est un géant aux cent yeux.

---

[67] L'ossète (en ossète : ирон ӕвзаг, *iron ævzag*) est une langue appartenant au groupe iranien de la famille des langues indo-européennes. Il est parlé par le peuple ossète, vivant essentiellement dans le Caucase, et principalement en Ossétie (Ossétie du Nord-Alanie et Ossétie du Sud-Alanie), Géorgie.

[68] H. van Kasteel, Questions homériques, physiques et métaphysiques chez Homère, Éd. Grez-Doireau, 2012, p. 596.

[69] V. Bérard, édition de l'Odyssée, T. II, p.37, note, cité par Pierre Lévêque, « *L'Etna* », *La Sicile*, PUF, « *Nous partons pour* », 1989, p. 249-260.

[70] En héraldique, un argus (nom commun) est une figure imaginaire représentant une tête humaine (généralement de carnation) couverte d'une multitude d'yeux.

[71] Ou du fleuve Inachos, ou d'Argos, fils de Zeus.

Ainsi, on peut l'appeler Argos Panoplès[72][73] au service des dieux.

En permanence, cinquante yeux veillent
Et les cinquante autres sont plongés dans le sommeil :
Il est ainsi impossible de tromper sa vigilance.
Ce géant capte tout, même les plus secrètes errances.

Zeus amoureux d'Io, provoque la jalousie de sa femme Héra.
Pour la rassurer, Zeus métamorphosera
Io en une belle génisse blanche, mais la déesse aux blancs bras[74],
Demande expréssément à Zeus de la lui offrir
Ce dont il s'exécute, sans mots dire,
Mais, la relation de Zeus et Io continue secrètement,
Héra, méfiante décide de la confier à Argos, afin qu'il la garde à Némée.
La déesse dans son union avec Zeus, se sentant menacée.

Zeus envoie, alors son fils Hermès jouer de la flûte de pan
Pour endormir Argos, puis le tuer, en lui tranchant
La tête et délivrer Io.

D'autres version présentent d'autres tableaux :
Hermès lui aurait donné un grand coup sur la tête
Et que le géant aurait roulé jusqu'à un rocher. Ainsi son histoire s'arrête.

Malgré son échec, Héra récompense à titre posthume la fidélité du géant
En transférant ses yeux sur les plumes de son oiseau favori : le paon.

Zeus obtiendra
Par la suite, le pardon d'Héra
Et la jeune fille Io
Ne gardera que la blancheur de sa peau.

---

[72] Signifiant « celui qui voit tout ».
[73] Il ne faut pas le confondre avec son homonyme Argos, l'argonaute, lui aussi issu d'un père nommé Arestor.
[74] *Theá leukṓlenos.*

Hésiode, ainsi qu'Apollodore
Attribuent à Argos : l'élimination du taureau qui dévastait l'Arcadie,
Mais encore,
La mort d'un satyre qui volait du bétail dans la région
S'attaquant ainsi directement à la vie,
Ou encore le meurtre d'Echidna, lors de son sommeil profond.

Pour Laura Massetti, l'histoire d'Argos et d'Hermès partage des traits
Avec le mythe du "*soleil blessé*" :
Argos qui voit tout, peut être interprété comme un substitut du dieu-soleil.
Hermès est l'ennemi juré du dieu-soleil, parce qu'ils rivalisent de merveilles[75].

Argus est éliminé par le dieu "*qui brille de blancheur*"
De la même manière que dans l'hindouisme Sūrya, une des trois humeurs[76]
Est blessé par Svarbhānu, le démon qui possède l'éclat du soleil.

L'œil humain comme symbole de connaissance, d'éveil
De perception surnaturelle, possède parfois d'étonnantes particularités :
La première étant qu'il ne meurt jamais.
Chez les Fuégiens[77], il sort du corps[78]
Et se dirige alors
Spontanément vers l'objet de sa perception.

Chez les immortels taoïstes, il possède une prunelle carrée au lieu d'un rond.
Évoqué dans les œuvres de Lao Zi,
Zhuangzi et de nombreux textes à partir des royaumes combattants
Et des textes équivalents.
L'immortel xianren qui est toujours en vie,
Est un être surprenant et fantastique

---

[75] D'éclats.
[76] Un des trois principes de la médecine ayurvédique, avec Vâyou et Agni.
[77] Les Fuégiens sont les peuples autochtones de la Terre de Feu à l'extrémité méridionale de l'Amérique du Sud sur des territoires relevant du Chili et de l'Argentine.
[78] Sans pour autant se séparer de lui.

Et aux dimensions cosmologiques,
Dont l'état transcende l'opposition entre la vie et la mort.

Il résulte en effet dans l'idéal d'un essor
Qui se produit chez l'aspirant immortel,
Grâce à une hygiène de vie et une ascèse spécifiques
Aidées par l'absorption de plantes dans des rituels
Que l'on trouve dans des lieux magiques
Appelées grottes célestes et terre de bonheur,
Les ultimes demeures
Résidences principales de ces êtres fantastiques.

La croyance aux immortels précède la connaissance du taoïsme,
Au moins dans la vision déiste
Allant quelquefois jusqu'au bahaïsme
Mais jamais athéiste.

Ils en sont devenus un élément essentiel à partir des Hans orientaux.
Les taoïstes fondamentaux
Dans le domaine indien, on ouvre les yeux des statues sacrées
En vue de les animer[79].
Au Viêt-nam, on ouvre la lumière d'une jonque neuve, en taillant
Ou peignant deux gros yeux à sa proue.

L'œil divin qui voit tout
Est encore figuré par le soleil levant
C'est l'œil du monde, expression à Agni,
Et qui désigne aussi Bouddha.

L'œil du monde génère la vie
Il est aussi le trou au sommet du dôme vers l'au-delà,
Qui est le regard divin embrassant le cosmos,
Mais aussi le passage obligé pour la sortie de ce même cosmos.

---

[79] On ouvre ailleurs les yeux des masques.

L'œil correspondant au feu est mis en rapport
Avec la fonction contemplative d'Amitâbbha[80].
Son trône est soutenu par le paon d'or
Dont le plumage est semé d'yeux et de leurs éclats.

L'œil est parfois utilisé comme symbole
De l'ensemble des perceptions extérieures
Et non seulement de la vision : il devient une parole.
Il devient une demeure.

Chez les Égyptiens, l'œil Oudjat : œil fardé
Était un symbole sacré,
Que l'on retrouve sur presque toutes les œuvres d'art.

Il était considéré comme une source de fluide magique
Et à la source de nombreuses histoires
Religieuses et mythologiques :
L'œil-lumière purificateur.
L'oudjat était censé approcher l'état de bonheur.

On connaît aussi la place du faucon dans l'art et la littérature
Religieuse de l'Égypte ancienne
Qui a une signification spirituelle et symbolique de par sa nature :
Le faucon représente la détermination, la concentration
La clarté, la planification.
Sa présence est une présence reine.

---

[80] Amitābha, Amitāyus ou encore Amida, en japonais 阿弥陀, est un bouddha du bouddhisme mahayana et vajrayana. Il règne sur la « *Terre pure Occidentale de la Béatitude* » (sanskrit: *Sukhāvatī*, chinois: *Xīfāng jílè shìjiè*, ja.: *saihō goraku sekai* 西方極樂世界), un monde merveilleux, pur, parfait, libre de mal et de souffrance. Cette terre pure, lieu de refuge en dehors du cycle des transmigrations — équivalent du nirvāṇa selon certaines conceptions — est au centre des croyances et pratiques des écoles de la Terre pure. Ce bouddha, qu'on appelle aussi le bouddha des bouddhas, est très populaire chez les mahāyānistes, en particulier dans le monde chinois, en Corée, au Japon, au Tibet, au Laos, au Cambodge et au Viêtnam.

Ils se manifestent souvent lorsque vous êtes appelés à accomplir
À accomplir un objectif ou une mission dans l'avenir,
Et que vous avez besoin de force et d'encouragement
Pour continuer à avancer même lentement.

On pense que les faucons sont des messagers du royaume des esprits
Et qu'ainsi, ils peuvent avoir accès à toutes les formes de vie.

Spirituellement, le faucon représente le contrôle de la réalité
En utilisant sagesse intuitive et prise de décision mêlées.

Il représente le pouvoir de concentration, de détermination
Et de confiance dans le processus de création.

Les faucons sont intelligents et représentent le pouvoir de la vue divine
Voyant des futurs et des opportunités voisines
Que la plupart des autres ne peuvent pas voir.

Tels des êtres supérieurs les faucons sont bien des oiseaux à part :
Les faucons volent haut dans les airs,
Scrutant constamment le sol à la recherche de proies.
Ils planent les yeux rivés sur la terre
Depuis les cieux et la demeure d'Horus[81], le roi.

L'humain est fasciné par les faucons en raison
De leurs incroyables compétences de chasse, en toutes circonstances
Le faucon est un oiseau de prédilection
D'une nature à la fois de sagacité et de violence.

L'univers du faucon est un univers cruel
Pour tous, les êtres dépourvus d'ailes :
"Là aussi nichera la vipère ; elle y déposera ses œufs, les fera éclore

---

[81] Horus, le dieu à tête de faucon, est bien en évidence en Égypte. Devenu l'un des symboles les plus communs de l'Égypte, on le retrouve tant sur les avions égyptiens que sur les hôtels et les restaurants de tout le pays. Horus est le fils d'Osiris et d'Isis, l'enfant divin de la triade sacrée.

Et rassemblera les petits sous son ombre [dès lors] ;
Là enfin se réuniront en troupe les vautours"xxvii.

En tant que créature qui vole durant la nuit, durant le jour
Le faucon transporte avec lui l'élément air
Qui se prête à la passion spirituelle et sagesse
Derrière sa précision et sa vitesse :
C'est un oiseau *"de la race de fer"*.

Dans le christianisme, les faucons représentent le courage
La force et le sens aigus de la foi qui peut s'élever dans les nuages[82].

Il y a d'autres références dans la Bible, comme des faucons
Étant des oiseaux de proie charognards
Apparaissent après la colère dans la punition
Du Seigneur qui trône sur toutes les histoires
En temps de mort et de destruction.

De cette façon les faucons
Représentent la mort qui vient de la cupidité et de la corruption.

Les faucons étaient des symboles importants
Dans la tradition antique égyptienne, représentant
L'œil vigilant, omnipotent du dieu Horus, ayant la domination sur le ciel
Avec puissance et emprise éternelles.

Les oiseaux, en particulier le faucon
Était considéré comme le protecteur des âmes et de leur réincarnation,
Dans l'au-delà, afin qu'elles ne se perdent pas après la mort.

Or, "les Égyptiens avaient été frappés par la tache étrange [comme de l'or]
Qu'on observe sous l'œil du faucon
Œil qui voit tout,
[Implacable et presque fou]

---

[82] Les cieux.

Et autour de l'œil d'Horus se développe toute une symbolique
De la fécondité universelle [d'un point de vue antique]".

Rê, le dieu soleil était doué d'un œil brûlant,
Symbole de la nature ignée ;
Il était représenté par un cobra dressé,
À l'œil dilaté, appelé uræus, effrayant !

Les sarcophages égyptiens sont souvent ornés de deux yeux
Censés permettre au mort de suivre sans se déplacer
Le spectacle du monde extérieur, à l'endroit où il est
Et de pouvoir rester, de la vie, curieux.

Dans toutes les traditions égyptiennes,
L'œil se révèle comme de nature solaire, ignée et très ancienne...
Source de lumière, de connaissance et de fécondité.

C'est une conception que l'on retrouvera transposée,
Dans Plotin,
Le philosophe alexandrin,
Néo-platonicien[83]
Pour qui l'œil de l'intelligence humaine
Même lorsqu'elle se montre très sereine
Ne pouvait contempler la lumière du soleil : esprit suprême,
Sans participer à la nature même
De ce soleil esprit.

Le mot 'ayn qui signifie œil peut désigner aussi,
Dans la tradition de l'Islam, une entité particulière,
Une source, ou une essence première.

---

[83] Du IIe siècle après Jésus-Christ.

Le caractère universel d'une chose est souvent indiqué
En mystique et en théologie par ce terme.
Il est posé là, en berme.

Selon les mystiques et les philosophes de néo-platonicisme teintés
Les universaux existent éternellement dans l'Esprit de Dieu ;
Ces idées éternelles correspondent aux Idées, jaillissantes comme du feu
Pénétrant ainsi la caverne, dans laquelle certains hommes sont prisonniers.
Ce sont comme des yeux.

Pour les mystiques, notre monde n'est qu'un rêve ;
Le monde et la réalité véritables se trouvent dans l'un divin, dans la sève ;
Dieu est la seule véritable source réelle et ultime
D'où surgissent toutes choses, même infimes.

On emploie donc 'ayn dans son double sens de source et de réel,
Pour indiquer la supra-existence de l'Éternel :
De la plus profonde essence de Dieu.
On trouve ce sens chez Avicenne, qui parle de ceux
Qui pénètrent jusqu'au 'ayn, contemplation de la nature intime de Dieu.

Finalement on peut noter que le terme ayn ul-yaquîn[84],
Contemplation de la certitude
Qui est l'un des degrés de la connaissance divine
Peut être utilisé au sens d'intuition,
Comme une nouvelle attitude.
Selon une double acception :
Sens pré-rationnel de la compréhension intuitive
Des premiers principes philosophiques,

---

[84] Le fuâd (fond du cœur) « *voit* » et devient ainsi le lieu de la science appelée 'ayn al yaqîn (l'œil de la certitude). Nous retrouvons ces deux termes dans le texte coranique (102/5-6-7). Ce stade est celui qui est désigné par les soufis comme celui du haqq al yaqîn (la vérité de la certitude).

Et sens post-rationnel de la même compréhension intuitive
De la vérité supra-rationnelle mystique.

La poésie élégiaque, arabe et persane associe l'œil humain
Dans ses multiples métaphores, un sens multiple et un :
Aux notions de magie, d'ivresse, de danger.
L'œil de la belle est dit à-demi ivre, ou ivre
Mais non de vin.

Il est celui qui fait cesser de vivre
Il est avide de sang meurtrier,
Il est aussi une coupe, un narcisse, une gazelle, un coquillage de toute beauté

Le *mauvais œil* est une expression, très répandue dans le monde islamique,
Symbolisant une prise de pouvoir sur un ton maléfique
Sur quelqu'un ou quelque chose, par envie
Et avec une intention méchante.

Le mauvais œil est cause de la mort d'une moitié de l'essence de la vie
Le mauvais œil remplit les tombes et vide les maisons.
Ont des yeux particulièrement dangereux de tentes à tentes
Les vieilles femmes et les jeunes mariées
Sont particulièrement sensibles à cette malédiction
Les petits enfants, les chevaux, les accouchées
Les chiens, le lait, le blé.

L'individu qui possède le mauvais œil est appelé en arabe ma'iân
Il dit *Qast' allâmi* d'une voix grave ou diaphane
Lorsqu'il regarde avec envie quelque chose[85]
Occasionne à ce qu'il regarde un dommage qui explose.

---

[85] Objet ou homme qui lui plaît.

L'œil de certains animaux est redouté :
Vipère, Gecko.
Le mauvais œil peut faire périr les bestiaux.

Je me réfugie auprès de Dieu contre le mal que l'envieux fait[86].
Le Prophète a dit : le 'ayn est une réalité.

Il existe des moyens de défense contre lui
Pour la sauvegarde de sa vie et de son énergie :
Le voile, les dessins géométriques, les objets brillants,
Les fumigations odorantes, la forme de croissant
Le fer rouge, le sel, les cornes, le fer à cheval
L'alun, la main de Fatma qui éloignent le mal.

Le fer à cheval est aussi un talisman contre la malédiction,
Il semble réunir grâce à sa matière, sa forme et sa fonction,
Les vertus magiques de plusieurs symboles : corne,
(Et plus ou moins reconnue la licorne)
Le croissant, la main et celles du cheval
Animal domestique et primitivement sacré,
Qui propose la liberté.

Dans les traditions de l'Europe du Nord, il existe un roi borgne et voyant
Eochaid, roi du Connaught, qui donne son œil unique, son diamant
Au mauvais druide d'Ulster, Aithirne, druide despotique
Aux grands pouvoirs magiques,
Dont le surnom ailgesach signifie l'exigeant.
Il apparaît dans plusieurs récits du cycle d'Ulster
Offrant ainsi une apparition première :
Dans *Le siège de Mowth* et *La courtise de Luaine*
Dans lesquels il a une présence souveraine.

---

[86] Le saint Coran, Sourate 113.

Il a deux fils : Cuingedach, l'envieux
Et Apartach, le sarcastique.
Lui-même envieux
Et maléfique.

Aithirne Ailgesach est le prototype même du druide dévoyé
Réputé pour exiger des choses impossibles et démesurées,
Et qui se venge en se servant de sa magie.
Faisant fi de la vie.
Notamment du glam dicinn et de sa satire mortelle :
Le glam diccin[87] est une malédiction suprême proférée
Par un file, un druide spécialisé.
Cette malédiction était très cruelle.

Il s'agit d'une forme de satire qui provoque instantanément
L'éruption de trois furoncles sur le visage de celui qui en est l'objet.
Ces trois furoncles représentent respectivement
La *honte*, le *blâme* et la *laideur* simultanément.

La victime est exclue de la vie sociale et vouée à la mort.
La satire se fait sous forme d'un cri très fort,
Et si elle est parfaite, la mort peut être immédiate.

Aithirne Ailgesah fait mourir de honte[88] Luaine, il est un vil kleptocrate.
En effet, lui et ses deux fils veulent coucher avec elle :
La fiancée du roi Conchobar Mac Nessa, fort belle.

Devant son refus, il prononce un glam dicinn qui la fait mourir.
La vengeance de Conchobar est implacable :
Il fait tout pour les détruire,
Il arase la forteresse de Dun Etair,

---

[87] Dans la mythologie celtique irlandaise.
[88] Cette pratique est généralement appliquée au roi ou à une personne de premier plan, qui a refusé un privilège au file.

Tue le druide et toute sa famille en un éclair.
Le roi se montre alors redoutable.

Le roi donne son œil unique au mauvais druide, et va ensuite se purifier
À une source sacrée.
En récompense de sa générosité,
Dieu lui rend les deux yeux.

Le dieu Mider, qui a perdu aussi son œil dans une rixe est bien malheureux :
Il ne peut plus régner,
Parce que la cécité est disqualifiante.
Œngus et son père le Dagda entrent dans la tourmente :
Ils font venir Diancecht[89], le dieu-médecin
Qui rend au patient l'usage de sa vue…
Mais, Diancecht a droit[90] à des présents de grande vertu
Et il réclame ses nouveaux biens :
La plus belle jeune fille d'Irlande[91], un char et un manteau,
Trois magnifiques cadeaux.

Boand, mère d'Œngus, en punition de son adultère avec le dagda,
Se voit enlever un œil, une jambe, un bras
Par l'eau de la source de la Segais
Où elle était allée se purifier.

L'œil apparaît ici comme une équivalence symbolique
De la conscience souveraine.
La faute (colère, violence, adultère)
Du moment physique
Aveugle, et cet aveuglement primaire
Empêche d'être roi ou reine.

---

[89] Aspect de l'Apollon médecin.
[90] Selon la législation irlandaise.
[91] Etain.

Au contraire, la générosité ou l'aveu rendent clairvoyants.
D'autre part, l'œil est un équivalent symbolique du soleil levant ou couchant.
Et l'irlandais sûl (œil) correspond au nom britonnique du soleil.
En Gallois la métaphore œil du jour[92] est dit pour soleil.

De nombreuses monnaies galloises figurent une tête de héros
À l'œil démesurément établi, et beau.
Un surnom d'Apollon attesté par une unique inscription[93]
Est *Amarcolitanus* à dans la tête, l'œil long[94].

Parcontre l'œil unique des personnages inférieurs
De la série des Fomoire est maléfique :
L'œil de Balor paralyse toute une armée fantastique
Et il faut le soulever avec un crochet depuis l'intérieur.

La reine Medb transforme les enfants de Caltin en sorciers,
En leur faisant subir des mutilations contre-initiatiques :
À l'œil gauche elle leur donne la cessité.
L'aveuglement physique
Est un signe de voyance et il est des druides ou des devins
Ou des immenses écrivains[95]
Qui ont perdu leurs yeux.

Pour les Bambaras le sens de la vue est le sens *"dieu"*
Il remplace tous les autres : l'œil de tous les organes des sens
Est le seul permettant une perception de toute essence
Qui revête un caractère d'intégralité,
D'importance et d'authenticité.

L'image perçue par l'œil n'est pas virtuelle,
Elle constitue matériel

---

[92] Hygad y dydd.
[93] Gallo-romaine.
[94] Rosc imlebur Inachind.
[95] Comme Homère.

Que l'œil enregistre et conserve,
Préserve.

Pendant l'acte sexuel, la femme s'unit à son mari
Par les yeux comme par le sexe aussi.

Les Bambaras disent : la vue c'est le désir
L'œil c'est l'envie et enfin le monde de l'homme, son avenir
C'est son œil.

Aussi métaphoriquement, l'œil
Peut-il recouvrir les notions de lumière, d'univers, de vie, de beauté.
En Afrique Centrale, l'importance accordée
Au sens de la vue est attestée
Par l'utilisation, très fréquente d'yeux d'animaux ou d'humains
Dans les préparations magiques mélangées par les devins,
Pour les ordalies
Et pour chaque jour de la vie.

Au Gabon, les membres des sociétés d'hommes-panthères
Se révèlent être des sociétés initiatiques
Qui développent les qualités régulières
Et de ses membres exclusivement masculins
Rabaissant l'univers féminin
À travers un enseignement magique
Et à la fois militaire.

L'identification à l'esprit-animal de la panthère
Est utilisée pour lever les inhibitions premières
Et créer un état de transe utilisé à des fins guerrières ou sexuelles,
La mise en place de tous les désirs n'est pas virtuelle.

C'est pourquoi, en pays wé, les hommes-panthères
Se désignent eux-mêmes par le terme de tchipagnon[96]

---

[96] *Tchi* = panthère, *pa* = entrer dans, *gnon* = gens.

Car ils attaquent leurs ennemis par surprise, par derrière
Et en se dissimulant derrière des masques de célébration.

La préparation de fétiches-guerriers[97]
Et l'entraînement au combat étaient l'une des fonctions primées
À l'époque des guerres tribales, des tchipagnons.
Ils ont repris de l'importance
Avec la notion de violence
Dans l'ouest ivoirien.

Une autre raison du succès des hommes-panthères provient
Du fait qu'ils possèdent un *"fétiche de séduction des femmes"*
Appelé le tchi tchoho, qui envoûtent leurs corps et leurs âmes.

Ce fétiche qui peut prendre plusieurs formes[98]
Est très réputé et très demandé
Par les non-initiés
Qui deviennent peu à peu des falconiformes.

Cette confrérie semble avoir également un rôle de police[99]
Les hommes-panthères interviennent pour mater les voleurs
Et constituent une véritable milice,
Pour lutter contre les personnes dont la brutalité a trop d'ampleur.

Gardiens des traditions, ils réagissent parfois violemment
Lorsque les bois, rivières ou objets sacrés
Sont profanés, ce qui entraîne de violents conflits avec les protestants
Et les populations qui les ont colonisés.

Les chants des hommes-panthères évoquent l'incapacité de leur confrérie
À empêcher l'invasion de leurs pays[100].

---

[97] Sortilèges et talismans protecteurs.
[98] Plantes, poudres.
[99] Selon une source familiale de la région de Kouibly.
[100] Par les blancs, au début du XXe.

La société des hommes-panthères n'est pas spécifique au peuple wé
Puisqu'elle est présente dans de nombreux pays un peu éloignés :
À l'ouest et ailleurs.
Cette large diffusion dans toute l'Afrique Noire a la primeure
Et pourrait indiquer une origine très ancienne.

Cette confrérie a suscité
Une violente hostilité
Une violente haine
Des autorités coloniales qui se sont pourtant acharnées
À la détruire.
Quitte à la faire mourir.

Les colonisateurs considéraient les hommes-panthères ou hommes-léopards
Comme une bande de gangsters d'inspiration diaboliques
Avec des pouvoirs maléfiques ;
Faisant régner la terreur sur les populations africaines noires.

Le prince Dika Akwa[101] fait dire à un homme-panthère :
"Ils sont en fait la police secrète de l'Afrique noire
Ceux qui frappent le coupable que nos tribunaux, pleins de leur lumières
Ont condamné. Non certes, les tribunaux à la mode des blancs,
[Étaient-ils innocents ?]
Mais ceux des lacs, des montagnes et de la forêt.
Nous sommes le bras armé
De nos chefs traditionnels.
[Nous sommes vifs et exceptionnels]
Nous existons depuis des siècles, peut-être sommes-nous aussi anciens
[Et nous avons connu bien des matins]
Que l'Afrique elle-même...
[Peut-être sommes-nous un peuple suprême]".

---

[101] Cameroun.

Ces candidats à l'initiation sont sélectionnés
Lors d'un entretien préalable avec le maître de la maison de la Panthère
Qui sonde leurs motivations et leur aptitude à rentrer
Dans la confrérie si particulière.

Les novices versent une contribution et sont ensuite initiés
Au premier degré de la confrérie
Qui est appelé :
"*Taan*" et qui signifie :
"*Apparaître*"
Au bénéfice des maîtres.

Cette étape dure une seule journée
Au cours de laquelle le nouvel initié
Subit l'agression d'un homme-panthère
Qui le frappe violemment
Par surprise, avant de lui griffer le dos bestialement,
Et le laisse dans la misère.

Les novices doivent ensuite jurer
De respecter les secrets
Concernant tout ce qu'ils ont appris
Tout en absorbant un liquide initiatique très amer et restant sans abri.

S'il subit cette étape avec bravoure
L'initié sera autorisé à poursuivre d'autres jours
Son initiation pour devenir un authentique homme-panthère
Avec toutes ses violences, ses guerres.

L'initiation proprement dite, celle qui permet
De s'identifier à l'esprit de la panthère,
Est appelée initiation *Srou pa*, ce qui peut se traduire par : entrer
Dans le fétiche ou entrer
Dans le médicament
Sous la houle du vent.

Les novices effectuent leur initiation *Srou pa*
Dans des camps en forêt pendant six, sept ou douze mois,
Pendant cette période, ils subissent une série d'épreuves physiques
Et psychologiques
Destinée à les endurcir
Ou à les faire mourir :
Passages à tabac, corps peints, sauts d'obstacles, têtes rasées
Bivouac parmi les ordures et les excréments, course à pied.

Cette souffrance vécue en commun permet également
De souder le groupe et de lui donner un certain sentiment :
De supériorité sur ceux qui ne l'ont pas subi.
Les novices s'entraînent aux techniques de combat au couteau
Devenant ainsi quasiment des héros
À la lance de l'arc et à la maitrîse de différents conflits.

À certains égards, l'initiation n'est pas très différente des techniques utlisées
À toutes les époques pour former
Des combattants d'élite[102]
Dans le même temps, l'initiation les invite
À un enseignement magico-médical
Qui leur est donné pour remédier au mal :
Plantes utilisées pour le combat, plantes médicinales,
Anti-venins, filtre de vérité, poisons
Plantes irritantes utilisées pour le combat, filtres de séductions.

L'initiation se termine par une grande fête qui dure deux jours
Les nouveaux initiés assurent le spectacle et les jeunes filles leur répondent
Tour à tour
Et la joie envahit chaque seconde.

---

[102] Janissaires, légionnaires français, marines américaines.

La sensualité de leurs danses et les jeux de séduction
Qui accompagnent la cérémonie communiquent une excitation[103]
Qui se libère à la nuit venue.
Ainsi vient l'enchevêtrement des corps nus.

L'année qui suit l'initiation est consacrée à l'approfondissement
Des pratiques de magie et de séduction dans le même instant.

Les initiés parcourent les lieux de rassemblement de la région[104]
Pour rencontrer des jeunes filles avec lesquelles ils font l'amour
Et qu'importe la nuit ou le jour.
Par pur plaisir et sans perspective de mariage ou d'aucune autre célébration.
Leur pouvoir de séduction est supposé à son zénith
Même pour les hommes très laids.
Au plaisir charnel ils s'invitent
Ne se souciant que du pendant et pas de l'après.
Ceux qui échouent sont des hommes-panthères ratés.

Ils leur arrivent fréquemment d'exercer
Leurs talents sur des femmes mariées
Et le mari qui proteste risque des représailles,
Voire, des batailles.

Aussi au Gabon, les membres des sociétés d'hommes-panthères
Prélevaient en priorités les yeux de leurs victimes.

Dans la tradition maçonnique, l'œil symbolise dans une expression première
"Sur le plan physique et intime
Le Soleil visible d'où émanent la vie et la lumière ;
Sur le plan astral ou intermédiaire
Le Verbe, le Logos, le Principe créateur ;

---

[103] Sexuelle.
[104] Marchés, match de foot.

Sur le plan spirituel ou divin,
Le grand architecte de l'univers".

Cœur

Le cœur, organe central de l'individu,
Correspond de façon très générale à la notion de centre.
Si l'Occident en fait le siège des sentiments plus ou moins nus
Toutes les civilisations entrent
Les notions d'intelligence et d'intuition :
Surtout d'expression.
C'est peut-être que le centre de la personnalité
S'est déplacé, de l'intellectualité à l'effectivité.

Mais Pascal ne dit-il pas que les grandes pensées viennent du cœur ?
On peut dire aussi, que dans les cultures traditionnelles,
La connaissance s'entend en un sens de large ampleur
Qui n'exclut pas les valeurs affectives ou émotionnelles.

Le cœur est effectivement le centre vital de l'être humain
En tant qu'il assure la circulation du sang
De la main à la main
Il devient le symbole des fonctions intellectuelles.

On trouve cette localisation en Grèce ou également
En Inde, où elle est importante où le cœur est considéré
Comme Brahmapura,

La demeure de Brahma[105] :
Un cœur au bout des bras.

Le cœur est bien souvent le centre de toutes les vérités.

Le cœur du croyant,
Dit-on en Islam est le trône de Dieu.
Si, dans le vocabulaire chrétien également
Le cœur est dit le *Royaume de Dieu,*
C'est que ce centre de l'individualité, vers lequel
La personne fait retour dans la démarche spirituelle,
Figure l'état primordial.

Le cœur[106] est le temple, l'autel de Dieu : il peut le contenir entièrement.

Le cœur, lit-on encore dans le *Houang-ti nel king*, est un organe royal.
Il représente le roi ; en lui réside l'Esprit totalement.
Si l'église cruciforme s'identifie au corps de Jésus
L'emplacement du cœur est occupé par l'autel central,
Au centre de toutes les vues.

Le Saint des Saints est dit être le cœur du temple de Jérusalem
Lui-même
Cœur de Sion, qui est comme tout centre spirituel,
Un cœur du monde.

---

[105] Brahmā (devanāgarī : ब्रह्मा) est le dieu créateur-démiurge de l'hindouisme, le dernier membre de la Trimūrti, la trinité des déités hindoues majeures. Les autres membres sont Vishnou et Shiva. Sarasvatī est sa shakti, son énergie, son épouse. Sa monture vāhana est un hamsa, une oie ou un cygne. Sa couleur est le rouge. Il n'est pas mentionné dans les Veda, mais seulement à partir des Brāhmaṇa, et il est très présent dans le *Mahābhārata*, le *Rāmāyaṇa* et les *Purāṇa*. C'est une personnification de la notion abstraite de brahman. Brahmā intervient seulement de façon occasionnelle dans les affaires des dieux, et encore plus rarement dans celles des mortels. Il est considéré comme le père de Dharma et Atri. Brahmā vit à Brahmapura, une cité située sur le mont Meru.
[106] Dit Angelus Silesius.

Là où les énergies se renouvellent
Dans une fraction de secondes.

Le double mouvement[107] du cœur en fait aussi
Le symbole du double réuni :
Le mouvement d'expansion
Et de résorption
De l'univers
Préservant toujours la terre.

C'est pourquoi le cœur est Prajâpati :
Il est Brahmâ dans sa fonction productrice,
Il est l'origine des cycles du temps motrice.
Il est vie.

Selon Clément d'Alexandrie, Dieu, cœur du monde,
Se manifeste selon les six directions de l'espace.
Allah est simplement *"Cœur des cœurs"*
Et *"Esprit des esprits"*, source féconde
Qui parfois laisse des traces
De bonheur.

Parce qu'il est au centre, les Chinois font correspondre
Au cœur le nombre cinq et l'élément terre.
Mais en raison de sa nature[108], ils lui font répondre
Aussi l'élément feu.
(Plus sa force que l'aspect lumineux).

Il s'élève jusqu'au principe de lumière
Commente le sou-wen.

---

[107] Systole et diastole.
[108] Car il est aussi le Soleil.

La lumière de l'esprit, celle de l'intuition intellectuelle, telle une prière
Analyse la présence de l'amour et de la haine.
La révélation brille dans la caverne du cœur.

L'organe d'une telle perception est, selon le soufisme l'Œil du cœur[109]
Expression qu'on retrouve dans nombre de textes chrétiens,
Et notamment chez Saint Augustin.

Le cœur est le roi[110], la fonction du cœur est de gouverner,
Confirme un texte ismaélien.
Le cœur[111] c'est le maître du souffle, ceci pourrait s'expliquer
Par la seule analogie entre le rythme cardiaque
Dans un amour ablaque
Et la respiration, identifiées
Dans leurs fonctions de symboles cosmiques
C'est une relation extraordinaire et fantastique.

Mais Plutarque utilise la même image : le soleil diffuse la lumière
Partout, et dans la prière
Comme le cœur diffuse le souffle.
Chez tous les êtres non-maroufles.
Or, dans le Taoïsme aussi
Le souffle k'i
Est la lumière : il est l'esprit.

Liu-tsou concentre l'esprit entre les sourcils, là où le Yoga
Situe l'Ajnâ-chakra,
Il y transfère en quelque sorte la fonction du cœur ;
De vitalité, de puissance, de douceur.
C'est pourquoi cet espace d'un pouce est appelé cœur céleste[112].

---

[109] Ayn el-Qalb.
[110] Disait le Nei-king.
[111] Enseigne le maître taoïste Liu-tsou.
[112] T'iensin.

L'écriture hiéroglyphique égyptienne représente, du reste
Le cœur par un vase.
Or le cœur est aussi mis en relation avec le saint-Graal :
Coupe qui devient un objet de culte et d'extase
Qui recueillit le sang du christ : l'entité contraire du mal.

Il est aussi remarquable que la coupe contenant le breuvage d'immortalité
S'atteint nécessairement au cœur du monde.
Là où convergent toutes les ondes.

Dans la religion égyptienne, le cœur est représenté :
Il y joue un rôle fondamental :
Selon la cosmogonie memphite sacrée,
Le dieu Ptah[113] a pensé l'univers avec son cœur au minimal
Avant de le matérialiser par la force du verbe créateur,
Et salvateur.

Mais surtout, il est en chaque homme : le centre de la vie
De la volonté, de l'intelligence réunis.

Lors de la psychostase c'est le cœur du défunt[114]
Qui est posé sur l'un des plateaux de la balance
Et le scarabée du cœur est divin
Presque doué d'omnipotence.
Est une amulette essentielle.
C'est la proéminence
Du spirituel opposé au matériel.

---

[113] Dieu égyptien de la ville de Memphis. Considéré comme le verbe créateur, il est représenté comme un homme, le crâne rasé, le corps serré dans un linceul, les mains tenant l'ouas (sceptre). Il a pour épouse divine la déesse Sekhmet. Dans la mythologie égyptienne, Ptah (celui qui crée) est le démiurge de Memphis, dieu des artisans, des artistes et des architectes. Dans la triade de Memphis, il est l'époux de Neith et deviendra tardivement celui de Sekhmet, il est le père de Néfertoum.
[114] Seul viscère laissé à sa place dans la momie.

Une amulette est un objet que l'on porte sur soi
Et auquel on accorde des vertus de protection, qui amène la chance et la joie.

Les amulettes varient selon
Le lieu, l'époque ou la religion.

Il ne faut pas confondre les amulettes avec les talismans :
Les premières visent à se protéger[115] ;
Tandis que les autres protègent autrement :
Obtenir des pouvoirs magiques offensifs puissants.
Pour certains auteurs, il convient de distinguer
Une amulette, du pentacle et du talisman.

Une amulette peut être une gemme, un sigil[116]
Un pendentif, une plante, un animal, un dessin indélébile ;
Chaque signe du zodiaque à une gemme associée
Qui sert d'amulette, mais son usage est varié
En fonction des coutumes de l'usager.

---

[115] Les amulettes de protection ont des fonctions apotropaïques et prophylactiques.
[116] Un sigil, « *signe cabalistique* » ou sceau est une figure graphique qui représente, en magie, un être ou une intention magique. Le terme provient du latin sigillum qui signifie « *signature* ». Dans les cérémonies magiques médiévales, le sigil était souvent utilisé afin de se référer aux signes occultes représentant les divers anges et démons que le magicien invoquait. Au XXe siècle, les sigils magiques sont la plupart du temps des concentrations visuelles de la volonté du magicien. Le concept en fut créé par le peintre et occultiste Austin Osman Spare. Il mit au point une méthode par laquelle une intention magique basée sur un sort quelconque pouvait être rendue sous forme de dessin porteur de l'intention magique projetée en lui par la volonté du magicien. La volonté du magicien est chargée dans le sigil et devient alors efficace en tant que courant d'énergie. La conception de sigils peut aussi être rapportée à une forme de magie personnelle, qui permet de mêler plusieurs symboles, de cultures et d'origines différentes. On peut y trouver également plusieurs alphabets magiques ou encore des signes astrologiques. La réalisation de sigils a été fortement mise en avant par plusieurs auteurs dans la magie du Chaos.

Les symboles religieux en jouent souvent la fonction
Que ce soit l'image d'un dieu ou un symbole lié à l'association
Symbole-divinité[117].

Même les mots peuvent dans certains cas être utilisés[118]
Pour chasser la malchance ou le mal.

Les amulettes sont liées à la démonologie et la sorcellerie paranormales,
Qui considèrent qu'une croix ou un pentagramme inversé facilite
La communication et invite
Plus facilement les démons.
Avec leurs cortèges de malédictions et de tentations.

Les amulettes peuvent être destinées
À protéger,
Une personne, un immeuble, un foyer
Ou même un village entier.

Dans la Babylone ancienne, on avait pour coutume de porter
De minuscules cylindres d'argile incrustés
De pierres précieuses pour tenir à distance les mauvais esprits.

Les Romains, quant à eux, attachaient à leurs vies
Aux statues de Priape, le dieu de la chance et de la fertilité,
Et de nombreux Américains, encore de nos jours
Accrochent des fers à cheval
Pour se protéger des vautours
Et de toute autre forme de mal.

En Inde, en Thaïlande et en Asie,
On utilise encore des fragments de corail rose,
Pour se protéger des mauvais esprits,
Créant ainsi une osmose.

---
[117] Comme la croix chrétienne ou l'œil d'Horus dans l'Égypte antique.
[118] Comme : « *Vade retro Satanas* », du latin qui signifie « *Arrière Satan* ».

Les moines bouddhistes fabriquent également des amulettes de protection
Auxquelles ils attribuent des pouvoirs magiques :
Chaque amulette aurait son propre pouvoir fantastique,
Chance, fortune, guérison, protection.

Malgré les passages dans la Torah qui condamnent la divination et la magie,
Les amulettes sont présentes dans le judaïsme aussi.

On y trouve des symboles juifs, comme l'étoile de David[119] les lettes Chai[120],

---

[119] L'étoile de David était un symbole dans plusieurs cultures et religions millénaires pré-abrahamiques avant de devenir tardivement associée au judaïsme.
[120] Haï (ou Hayi) est un mot hébraïque billitère, c'est-à-dire composé de deux lettres, le het (ח) et le youd (י). Il signifie " *vivant* ", est l'un des épithètes traditionnels de Dieu, et ce depuis le Livre de la Genèse (16:7-14), et un cri à la vie ou de ralliement Am Israël Hayi !

La ménorah[121], la main chamsa[122] et le Shaddaï[123].

Les traditions régionales autour de la naissance des enfants
Comprenaient des amulettes destinées à repousser souvent

---

[121] La menorah (hébreu : מְנוֹרָה IPA [menoˈʁa]) est le chandelier (ou candélabre, autre acception conventionnelle) à sept branches des Hébreux, dont la construction fut prescrite dans le Livre de l'Exode, chapitre 25, versets 31 à 40 : *"Tu feras aussi un candélabre d'or pur. Ce candélabre, c'est-à-dire son pied et sa tige, sera fait tout d'une pièce ; ses calices, ses boutons et ses fleurs feront corps avec lui. Six branches sortiront de ses côtés : trois branches du candlabre d'un côté, et trois branches du candélabre de l'autre. Trois calices amygdaloïdes à l'une des branches, avec bouton et fleur, et trois calices amygdaloïdes, avec bouton et fleur à l'autre branche ; ainsi pour les six branches qui sailliront du candélabre. Le fût du candélabre portera quatre calices amygdaloïdes avec ses boutons et ses fleurs ; savoir, un bouton à l'origine d'une de ses paires de branches, un bouton à l'origine de la troisième. Ils répondront aux six branches partant du candélabre. Boutons et branches feront corps avec lui ; le tout sera fait d'un seul lingot d'or pur. Puis tu feras ses lampes au nombre de sept ; quand on disposera ces lampes, on en dirigera la lumière du côté de sa face. Puis, ses mouchettes et ses godets, en or pur. Un kikkar d'or pur sera employé pour le candélabre, y compris tous ces accessoires. Médite et exécute, selon le plan qui t'est indiqué sur cette montagne"*, pour devenir un des objets cultuels du Tabernacle et plus tard du Temple de Jérusalem. C'est le plus vieux symbole du judaïsme, mais également le plus important, bien avant l'étoile de David apparue tardivement.

[122] La *khamsa* (arabe : خمسة, hébreu : חמסה), parfois transcrit *khmissa* ou *khomsa*, aussi appelée *afust* en Grande Kabylie (kabyle : ⴰⴼⵓⵙⵜ), ou main de Fatma, main de Fatima ou main de Myriam, est un symbole représentant une main, utilisé comme amulette, talisman et bijou par les habitants d'Afrique du Nord (dont il est originaire) et du Moyen-Orient pour se protéger contre le mauvais œil. Ce symbole apotropaïque est souvent associé à la déesse Tanit, déesse punique et berbère.

[123] El Shaddai, écrit aussi El Shadday (hébreu : אל שדי, /el ʃaˈdːaj/), est l'un des noms de Dieu dans le judaïsme. Il est traditionnellement traduit en « *Dieu Tout-Puissant* ». Le nom *Shaddaï* (écrit aussi *Chaddaï*) apparaît aussi bien en combinaison avec « El » qu'indépendamment de lui. *Shaddaï* est utilisé trente trois fois comme nom divin dans le Livre de Job, huit fois dans les livres du Pentateuque (dont six fois précédé du théonyme El), sa première occurrence étant dans le livre de la Genèse. Il s'agit probablement de l'auteur sacerdotal qui combine dans le livre de la Genèse l'ancienne appellation divine *Shaddaï* avec *El*.

Le diable, le mauvais œil ou les démons comme Lilith[124]
Qui avant la Genèse est inscrite.

Les soi-disant rabbins miraculeux[125]
Étaient chargés d'écrire des amulettes
À la calligraphie secrète.
Et d'invoquer les noms des anges gardiens et de Dieu.

Dans le sud de l'Allemagne, dans certaines régions de la Suisse et en Alsace,
Les garçons juifs portaient des colliers-textiles avec des rosaces

---

[124] Lilith (en hébreu : לילית) est un démon féminin de la tradition juive. Elle est à l'origine une divinité mésopotamienne. Dans les légendes juives qui se répandent au Moyen Âge, Lilith est présentée selon l'alphabet de Ben Sira comme la première femme d'Adam, avant Ève. Pour se protéger de Lilith, on doit recourir à l'invocation d'autres démons, notamment le roi des lilû, Pazuzu. À partir du XIIIe siècle, de nouveaux détails tirés de la littérature kabbalistique enrichissent le mythe de Lilith. Reprenant le récit biblique de la création, Lilith aurait été façonnée avec de la terre en même temps qu'Adam, mais avec de la terre impure, ce qui explique son caractère démoniaque (Yalqut Reuveni sur Genèse 2.21 : « *L'Éternel-Dieu fit peser une torpeur sur l'homme qui s'endormit ; il prit une de ses côtes, et forma un tissu de chair à la place* »). Dans d'autres récits, sa naissance est associée à celle de Samaël. Selon le Zohar, elle émerge spontanément en même temps que Samaël. Les deux sont liés au caractère sévère de la justice divine (la sephira Gevura selon la terminologie kabbalistique). La manifestation de cet attribut de la rigueur présente en effet une analogie avec le mal (Zohar I 148a, Sitre Torah). Dans une autre tradition, Lilith et Samaël sont en fait un seul être androgyne, à l'image de Dieu. Ils sont apparus de dessous le Trône Divin. Ils représentent d'une certaine manière l'Eve et l'Adam primordiaux mais sous la forme déchue ou terrestre. Pour la punir, Dieu la condamne à voir tous ses enfants mourir à la naissance. Désespérée, elle décide de se suicider. Les anges lui donnent le pouvoir de tuer les enfants des Hommes (jusqu'à la circoncision, au huitième jour pour les garçons, et jusqu'au vingtième jour pour les filles). Elle rencontre ensuite le démon Samaël, l'épouse et s'installe avec lui dans la vallée de Jehanum, où il prend le nom d'Adam-Bélial. Pour se venger, Lilith devient le serpent qui provoque la Chute d'Ève, et incite Caïn à tuer Abel. Comme ses enfants s'entretuent, Adam refuse d'avoir des relations sexuelles avec Ève, ce qui permet à Lilith d'enfanter des nuées de démons (avec le sperme d'Adam qui tombe à terre) pendant cent trente ans. Plus tard, dans le Livnat ha Sappir, Joseph Angelino identifie Lilith à la reine de Saba, dans son rôle de tentatrice ; toujours selon ce livre, l'une des deux prostituées qui se disputent un enfant devant Salomon serait également Lilith.
[125] Ba'al Shem.

Pour leur Brit-Milah[126]
Dans le meilleur respect de la loi.

Des pièces de monnaie ou des pierres de corail accrochées
À ces colliers devaient détourner
Le mauvais œil des garçons
Et servir de protection[127].

Au fil du temps,
Il est devenu courant
De fabriquer des amulettes en formes d'animaux, de symboles magiques
Ou encore des statuettes de dieux ou de déesses ésotériques.

Partout dans le monde, on retrouve des images de corne, de main[128]
Sera un ésotérisme d'aujourd'hui et de demain.
Ainsi que des yeux dessinés
Ou sculptés
Qui suggèrent la vigilance éternelle.

Parfois aussi sont gravées des formules magiques rituelles
Des sorts et des noms de divinités.

Bien qu'elles aient du succès aux quatre coins du monde, on associe
Souvent les amulettes aux dieux égyptiens
Qui en portaient en toute occasion possible et infinie
Jusque dans leurs tombes, leurs derniers matins
Bien après la vie.

---

[126] La brit milah est un des six cents treize commandements du judaïsme, réalisé par un péritomiste qui excise définitivement le prépuce du pénis, et découvre donc perpétuellement le gland. Il peut parfois aussi enlever tout ou partie du frein du pénis.
[127] Cette coutume a perduré jusqu'au début du XXe siècle.
[128] Qui symbolisent la fertilité et la vie.

"Le cœur d'un homme est son propre dieu
Et mon cœur était satisfait de mes actes
Ne redoutant plus le contact".

Sur une stèle[129], le cœur est assimilé à la conscience : il n'est pas un jeu :
"Quant à mon cœur il m'a fait accomplir des actions
[En communion avec la raison]
Tandis qu'il guidait mes affaires.
Il fut pour moi, un témoin extraordinaire…
J'excellais, parce qu'il faisait que j'agisse
C'est un jugement du dieu qui est en tout corps, [et il fallait que je lui obéisse].

*Puisses-tu traverser l'éternité en douceur de cœur,
Dans les faveurs du dieu qui est en toi [pour ton bonheur]*".
Ainsi le cœur est en nous le symbole même de la présence divine
Et de la conscience de cette présence dès l'origine.

Dans le monde celtique, le cœur symbolise manifestement
Le centre de la vie.

Dans la tradition biblique, bien évidemment,
Le cœur symbolise le siège de l'intelligence et de la sagesse réunis.

Le cœur est à l'homme intérieur
Ce qu'est le corps à l'homme extérieur.

C'est dans le cœur que se trouve le principe du mal.
La perversion du cœur provient de la chair et du sang : fatals.

Le cœur tient une très grande place dans la tradition hébraïque
Faire attention se dit : sim lev, c'est-à-dire mettre son cœur

---

[129] Du Louvre.

Et la méditation signifie : parler à son cœur
Suivant une tradition honorifique.

Selon un Midrash, le cœur de pierre
Doit devenir un cœur de chair :
Les sages de cœur ont l'esprit de sagesse
De tempérance et de justesse.

Dans la Bible le mot cœur est employé une dizaine de fois
Pour désigner l'organe corporel et à la fois
Il y a plus de mille exemples dans lesquels son interprétation est métaphorique.

La mémoire et l'imagination relèvent du cœur extatique,
Ainsi que la vigilance : *"je dors mais mon cœur veille"*[xxviii]
Le cœur tient un rôle spirituel dans la vie psychique :
Il pense, il décide, il ébauche des projets, se tient en éveil
Il affirme ses responsabilités
Estimant une à une ses possibilités.

Prendre le cœur de quelqu'un,
Entrer en amour dans l'humain
C'est lui faire perdre le contrôle de soi,
C'est l'initier à d'autres lois.
"Tu as capté mon cœur, ô ma sœur, ma fiancée,
Tu as capté mon cœur par un de tes regards [émerveillés],
Par un des colliers qui ornent ton coup.
Qu'elles sont délicieuses tes caresses, ma sœur, ma fiancée !
Combien plus douces tes caresses que le vin [le plus doux] !
La senteur de tes parfums surpasse tous les aromates [d'ici et ailleurs]"[xxix].
Et tout ton corps m'est source de bonheur.

Le cœur est associé à l'esprit et parfois les termes se mélangent
En raison de leurs significations identiques, dans le langage des anges,
D'où les expressions : esprit nouveau
Et cœur nouveau :

"Je vous donnerai un cœur nouveau
Et je vous inspirerai un esprit nouveau ;
J'enlèverai le cœur de pierre
De votre sein et je vous donnerai un cœur de chair"[xxx].

Cœur contrit,
Et esprit contrit :
"Les sacrifices [agréables] à Dieu,
C'est un esprit contrit ; un cœur brisé et abattu
ôh Dieu,
Tu ne le dédaignes point [de ta vue]"[xxxi].

Le cœur est toujours plus lié à l'esprit qu'à l'âme.

Table des matières

Souffle 7
Cil - Œil 21
Cœur 61

Références bibliographiques

[i] Gn, 1.2
[ii] Gn, 6.17
[iii] Gn, 8.1
[iv] Nb, 27.16
[v] Jb, 27.3
[vi] Jb, 33.4
[vii] Is, 11.2
[viii] Is, 42.1
[ix] Mt, 3.16
[x] Ps, 104.29-30
[xi] Ec, 12.7
[xii] Pr, 30.4
[xiii] Ec, 1.6
[xiv] 1Rs, 19.11
[xv] Jg, 6.34
[xvi] Jg, 13.25
[xvii] Jg, 14.6
[xviii] Jg, 14.14
[xix] 1Sm, 10.9
[xx] Nb, 11.17
[xxi] Nb, 11.25
[xxii] Is, 11.2
[xxiii] Ct, 4.1
[xxiv] Ct, 4.9
[xxv] Ct, 6.10
[xxvi] Ct, 8.12
[xxvii] Is, 34.15
[xxviii] Ct, 5.2
[xxix] Ct, 4.9-10
[xxx] Ez, 36.26
[xxxi] Ps, 51.19